FRENCHIE

DU MÊME AUTEUR

Aux Éditions Fayard

FLIC STORY (porté à l'écran avec Alain Delon et Jean-Louis Trintignant).
RENÉ LA CANNE (porté à l'écran avec Gérard Depardieu, Michel Piccoli et Sylvia Kristel).
LE GANG (porté à l'écran avec Alain Delon et Nicole Calfan).

Aux Éditions Grasset

LE PLAY-BOY.
L'INDIC (porté à l'écran avec Daniel Auteuil et Thierry Lhermitte).
L'ARCHANGE.
LE RICAIN.
LE GRINGO.
LE MALTAIS.
LE TIGRE.
LE BOSS.
VOL D'UN NID DE BIJOUX.
L'AFFAIRE DE LA MÔME MOINEAU.
LE CORÉEN.

Aux Presses de la Cité

LA FILIÈRE.
LA CIBLE.
KIDNAPPING.
BORNICHE STORY (GENDARMES ET VOLEURS).

Roger Borniche

FRENCHIE

Roman

PRESSES DE LA CITÉ

ISBN : 2-258-03345-4

Certains événements de ce roman font partie des archives de la police, qu'elle soit brésilienne, américaine ou française.

Il est possible que des personnes actuellement vivantes soient confondues, à tort, avec des personnages du récit en raison d'une similitude dans les positions qu'elles ont occupées. Ces ressemblances sont pure coïncidence et ne sauraient, en aucun cas, engager la responsabilité de l'auteur.

R. B.

Prologue

LE PIÈGE

La Jolla, San Diego, 5 octobre.

Dominique Giraldi, bien calé dans le siège-baquet de la Porsche de location, les coudes soudés au corps dans la position d'un coureur de rallye, sifflote pour accompagner la chanson de Julio Iglesias que diffuse la radio de bord. Le ciel est éblouissant de lumière et Doumé le Corse se sent plus en condition que jamais. Depuis qu'il a tiré sa révérence aux gardiens de la prison marseillaise des Baumettes, une nuit où les miaulements du mistral couvraient les gémissements de sa lame de scie, tous les pays de soleil lui donnent la sensation d'être bien dans sa peau.

Il accélère pour doubler un autocar de la Gray Line qui a tendance à prendre la San Diego Freeway pour une piste de slalom. La Targa bondit. Dominique admire la fougue du bolide métallisé argent que le loueur du San Diego International Airport lui a livré la veille au Coronado, monumental hôtel de style victorien où chacune de ses arrivées de Rio de Janeiro est honorée avec un empressement qui frise l'obséquiosité. Depuis longtemps, il a pris conscience du pouvoir de l'argent sur un personnel sensible aux largesses de la clientèle internationale.

Dominique jette un coup d'œil à sa Santos-Dumont en acier satiné, cadeau d'Isabel pour son anniversaire. Neuf heures quarante-sept. Dans treize minutes, les grilles de la propriété de Ralph Khoury s'ouvriront devant le capot racé de la Porsche. Giraldi est aussi ponctuel dans ses rendez-vous que l'exige le distributeur attitré de l'Organisation pour la côte Ouest des États-Unis. Car si l'exactitude est la politesse des rois, elle est aussi l'âme des affaires. Surtout des affaires particulières. Et c'est un contrat très particulier que le trafiquant français et le transporteur libanais vont conclure ce matin, au bord de la piscine dont la transparence de l'eau, étincelante de soleil, révèle le fond pavé de mosaïque, réplique d'un tapis volant des Mille et Une Nuits.

En échange de la cargaison d'héroïne qu'il est chargé de lui livrer, Doumé recevra un nouveau chargement, de dollars cette fois, agrémenté d'une prime de satisfaction eu égard aux risques encourus. Une petite fortune pour le Corse. Une goutte d'eau pour Khoury le milliardaire.

Dominique Giraldi n'éprouve pourtant pas une sympathie particulière pour le Libanais court sur pattes, aux cheveux huileux, aux bajoues couperosées, au regard fuyant derrière les verres fumés cerclés d'or. Vautré sur son transat, la panse débordant d'un maillot de bain à ramages, le cigare-barreau-de-chaise coincé entre des dents jaunies, le bord du panama au ras du sourcil, Ralph lui tendra une main molle et moite comme à l'habitude, tout en grimaçant sa formule de politesse :

– *Sabah el khaire.*

Ses deux sbires, bâtis en force, dont les regards insistants témoignent de leur volonté d'assurer longue vie à leur employeur, s'effaceront alors discrètement pour prendre position derrière la haie de bougainvillées, à l'orée de la pelouse.

Ralph Khoury est riche, très riche. A Seattle, à San Francisco, à Los Angeles et Long Beach, le plus grand port artificiel du monde, sa société de camionnage, la California Truck Van Company, impose au passant son nom en lettres gigantesques. Au sein du tout-puissant Syndicat des Transporteurs, le rusé Khoury occupe une position intouchable qu'il a su acquérir grâce à une subtile distribution de bakchichs. De fait, son réseau de diffusion occulte est cloisonné et efficace. Pas un policier des Highways Patrols n'aurait le front de verbaliser, pour dépassement de tonnage autorisé, l'un des chauffeurs de la California Truck Van Company dont les poids-lourds véhiculent parfois des cargaisons inavouables.

Dominique n'est pas le seul à mépriser la lâcheté servile et l'hypocrisie de l'Oriental. Les parrains de la Macami, diminutif de la toute récente association Mafia, Camorra et Milieu, le détestent tout autant. Tous, cependant, reconnaissent que l'astucieux Khoury est un homme de parole, qui paie cash, moitié à la livraison de la marchandise, héroïne ou cocaïne, moitié à la vente. Et qui ne revient jamais sur un marché conclu.

Par réflexe professionnel, Dominique consulte son rétroviseur pour s'assurer qu'il n'est pas suivi. Son regard ne rencontre que les quelques escargots qui musardent au long de la Torrey Pines Road, entre l'alignement des villas, plus pimpantes les unes que les autres, et les coques immaculées des voiliers qui se dandinent sur les vagues vertes du Pacifique.

Il a envie d'appuyer plus fort sur l'accélérateur mais avec ce qu'il transporte, il n'en est pas question : la drogue, de la poudre de première qualité en provenance du Liban, est répartie en soixante-quatre sacs en plastique d'une livre, doublés et scellés, alignés dans le coffre de la Targa sous un plaid écossais. Qu'un flic surgisse de l'une de ces impasses où ils ont l'habitude de dissimuler leurs voitures à gyrophare, le verbalise pour excès de vitesse, ait l'idée de fouiller la Porsche, et c'en serait fini de la fructueuse aventure.

Les Narcos, comme on surnomme les agents de la DEA, la Drug Enforcement Administration, spécialisés dans la recherche des trafiquants, font aux dealers une guerre acharnée [1]. Tout comme leurs collègues du FBI, ils sont impitoyables avec les pontes qui ont le malheur de tomber entre leurs mains. Depuis le « Narcotic's Control Act » de 1956, les magistrats américains se montrent eux aussi intransigeants en matière de répression. Ils n'accordent ni sursis, ni liberté conditionnelle aux prévenus qui se refusent à toute coopération avec la police. Pour Dominique Giraldi, à qui la Justice française, bafouée, aimerait faire réintégrer sa sombre cellule méridionale, ce serait, en plus de

1. L'ampleur du trafic des stupéfiants a obligé le gouvernement américain à créer en 1968 un organisme chargé de la répression : le Bureau of Narcotic and Dangerous Drugs (BNDD), composé d'éléments spécialisés du Federal Bureau of Investigations. Le BNDD deviendra la DEA en 1981.

longues années de détention, l'extradition assurée. Auguste Ricord, Jacques Angelvin, François Scaglia et Christian David, entre autres, y sont passés. C'en serait surtout fini, et à jamais, de son idylle avec Isabel, la splendide Brésilienne grâce à laquelle, à quarante ans, il a découvert l'amour. L'unique, le vrai. Le grand.

Elle l'a appelé ce matin, Isabel, juste avant qu'il quitte les toits coniques vermillon du Coronado Hotel. Elle lui a crié son amour comme elle le lui avait déjà clamé la veille, alors que, accoudé à la rambarde de la fenêtre de sa chambre, il assistait au passage d'une armée de baleines grises fuyant les eaux de l'Arctique pour celles, plus chaudes, de la Basse Californie. Il avait posé ses jumelles et lui avait promis de rejoindre Rio par le premier courrier, dès que son rendez-vous d'affaires aurait pris fin. Le coup de fil de cette fille sensuelle, tout en jambes et en seins, avec des yeux de chat gris-vert, l'avait transfiguré.

La journée aussi s'annonce radieuse. La livraison de l'héroïne va rapporter à Dominique davantage que d'habitude. Mathieu Medioni, l'un des parrains de la Macami, l'a autorisé à prélever sur le prix de vente une commission de 1 %, récompensant ainsi, livraison après livraison, son aptitude à déjouer les pièges des Narcos. Demain, Doumé pourra offrir à Isabel la parure dont elle rêve depuis qu'elle l'a essayée l'autre semaine chez Stern, avenida Nossa Senhora de Copacabana, bordée de boutiques où des femmes en bikini viennent dépenser des fortunes. Aussi impressionné que les joailliers, il s'était demandé si l'éclat des pierres rehaussait la beauté de sa femme ou si, au contraire, sa beauté donnait de l'éclat aux bijoux.

La main droite de Giraldi lâche une seconde le volant pour monter le son de la radio. Iglesias roucoule *Manuela* et il ne veut rien perdre des paroles de ce chant d'amour que fredonne chaque matin Isabel devant la coiffeuse de la salle de bains en marbre rose. Au fil des couplets, il voit la courbe de ses hanches, la cambrure de ses fesses fermes quand elle se maquille, nue devant la glace vieil or. Elle brosse ses longs cheveux noirs, la tête gracieusement penchée sur l'épaule droite... Il la désire. Il l'aime. Un soir, dans un accès de franchise, il a pensé lui dévoiler son passé, son vrai métier. Il s'est repris. A quoi bon l'inquiéter? Il s'est promis de renoncer à son dangereux trafic dès qu'il aura amassé suffisamment d'argent pour couler des jours heureux, sans soucis financiers.

Isabel rêve de la Californie. C'est là qu'il l'installera. Un pays de soleil après un autre. Au cours d'un prochain voyage, il priera Jon Douglas et Fred Sands, les agents immobiliers hollywoodiens, de lui dénicher une villa somptueuse, semblable à celle de ce vieux requin de Khoury, dotée d'une piscine aussi vaste et d'une vue aussi imprenable sur le Pacifique. Il pourra enfin vivre auprès de celle qu'il a épousée. Une existence rangée de père de famille, loin de la justice française, loin de toute tentation, de tout danger.

Le chargement de l'héroïne dans le coffre de la Porsche s'est effectué comme à l'accoutumée au cours de la nuit, alors que Giraldi sommeillait dans sa chambre du Coronado. José Ibarra, le responsable du ravitaillement de la compagnie d'aviation brésilienne Varig, connaît son métier. Un jeu pour lui de garer sa camionnette sur le vaste parking de l'hôtel, de soulever le capot du coffre de la Porsche que Doumé a délibérément laissé ouvert, d'y entreposer la précieuse marchandise et, après avoir bloqué les serrures, de remettre le double de la clé à la conciergerie de l'établissement dans une enveloppe cachetée au nom de Domenigo Buttafoco, la fausse identité de Giraldi.

Pour certains, l'importation de la drogue n'est pas dépourvue de risques. Les primes offertes par le Bureau des Narcotics aux informateurs suscitent des vocations, les saisies succèdent aux saisies. Des centaines d'appareils colombiens et paraguayens ayant servi au transport clandestin de cocaïne sont bloqués sur les aéroports, liés entre eux par des chaînes aux maillons inviolables. Mais les parrains de la Mafia sicilienne, de la Camorra napolitaine et du Milieu français ont su réagir : naguère divisés par d'ancestrales rivalités d'hommes et d'intérêts, ils ont su faire passer à l'arrière-plan les conflits générateurs de pertes pour s'unir et narguer les agents chargés de la répression en créant de nouvelles filières d'acheminement de la drogue. La plaine libanaise de la Beqaa, autrefois centre de cultures maraîchères, de vignes et de céréales, s'est muée en un vaste champ de pavot sous l'impulsion intéressée des occupants syriens. Des laboratoires de transformation de l'opium en morphine-base puis en héroïne ont été installés à l'intérieur des murs en trompe-l'œil de raffineries de betteraves désaffectées. A Damas, à Rome, à Francfort et à Paris, des mécaniciens chargés de vérifier les vols long-courrier glissent les sachets plastifiés dans le fuselage des appareils avant d'en revisser les plaques protectrices. A l'atterrissage, d'autres mécaniciens assurent la relève et prennent livraison de la marchandise selon le même processus. Il est encore difficile d'introduire les précieux paquets dans les enceintes surveillées des aéroports et de les en faire sortir tout aussi discrètement. Le problème a été résolu. Des employés de sociétés chargées de la restauration en vol ont acquis la maîtrise de la dissimulation. La mécanique fonctionne si bien que chaque passeur, grassement rémunéré, se ferait couper la langue plutôt que de dénoncer une organisation capable d'exercer des représailles sur lui ou sur sa famille. Jusqu'alors, le réseau n'a pu être démantelé, pas même inquiété.

La romance d'Iglesias cède la place à une publicité vantant le charme de Sea World, le parc d'attractions marines de San Diego, et son aquarium géant de requins. Dominique éteint la radio. Le requin, il va le retrouver dans quelques minutes maintenant et, sa livraison vérifiée, il s'en ira vite récupérer la valise bourrée de dollars qui l'attend à la consigne de l'Amtrak, 1050 Kettner Boulevard. Khoury est un homme méfiant. Il ne remet la clef du compartiment loué à la station de chemin de fer qu'après avoir testé la qualité de la marchandise. Puis il règle sa dette en espèces. La filière utilisée par son fournisseur pour faire sortir les devises des États-Unis l'indiffère. Il ne veut pas non plus savoir par quel circuit, direct ou indirect, l'héroïne parvient à sa villa.

Dominique Giraldi, détendu, s'apprête à virer sur Adarth Road pour rejoindre La Jolla Boulevard. Il entrevoit déjà la grille qu'encadrent deux lions de pierre à la gueule menaçante. Les battants mus par un système électrique vont s'ouvrir. La Porsche se glissera dans la cour intérieure ombragée d'arbres enrobés de lierre, longera la façade immaculée de la longue bâtisse pour aller s'immobiliser devant la remise, au bout de l'allée de gravillons bordée de palmiers. Dominique laissera Selim, l'homme de confiance de Khoury, décharger la voiture pendant qu'il échangera quelques propos avec le maître de maison, au bord de la piscine, face à l'océan. Le quitus en poche, il prendra enfin le Boeing de la Varig pour voler vers la tendre Isabel qui l'attend à Rio.

L'étonnement, soudain. Trois voitures disposées en quinconce encombrent le boulevard, juste après le virage. Une quatrième au gyrophare tournant barre la route un peu plus loin. Dominique lève le pied. Plus moyen d'avancer. Il s'inquiète. Tant qu'il n'aura pas franchi la grille du Lycus, nom antique que Khoury a donné à sa propriété en souvenir de son village natal, une tuile est toujours possible.

– Que se passe-t-il? demande-t-il, la vitre baissée, au policier qui se plante devant la Porsche.

Le sergent à l'estomac rebondi sous le ceinturon se contente de porter la main à sa casquette, où brille la large plaque argentée, emblème de sa fonction.

– Papiers, ordonne-t-il tandis que ses petits yeux enrobés de graisse scrutent l'intérieur de la voiture.

Heureusement, la banquette arrière ne laisse apparaître que l'attaché-case, vide pour le moment. Giraldi fait face avec sang-froid. Il ouvre la boîte à gants, en sort les documents.

– Voiture de location, dit-il, affichant un sourire entendu. *A rented car...*

Le policier hoche la tête, déchiffre lentement les annotations du loueur, relève les yeux.

– *O.K. Driver licence, please.*

La photo du permis de conduire n'est pas très ressemblante, Dominique en est conscient. Elle date d'au moins quatre ans, l'époque où, sous différentes identités, il avait bénéficié de sept passeports établis par un fonctionnaire corrompu de Mexico-City, en échange de mille quatre cents pesos. Quand Isabel était entrée dans sa vie, il s'était empressé de mettre ces faux à l'abri.

Le sergent examine avec application le permis établi au nom de Domenigo Buttafoco, fronce le sourcil, se détourne, fait un signe. Un de ses collègues abandonne le volant de la Buick, s'approche en roulant des épaules de catcheur. A son tour, il tourne et retourne le permis entre ses doigts épais.

– *Passport, please.*

Giraldi a tout prévu. Le document sur lequel le service de l'immigration de San Diego a maintes et maintes fois apposé son visa d'entrée correspond à l'état civil du permis de conduire.

– *You are Mexican?*

Doumé secoue la tête en signe de dénégation.

– *No, sir.* Français. Je vis à Mexico-City, 34 Plaza Mayor.

– Et ici?

– Je suis de passage. J'ai loué une voiture pour rendre visite à un ami à Carlsbad. Je faisais un crochet par La Jolla, histoire de voir la plage et les falaises...

Décidément ces deux flics semblent bien curieux. La main sur le levier de changement de vitesse, Dominique attend qu'ils lui restituent ses papiers, prêt à effectuer un départ sur les chapeaux de roues si, par hasard, ça tournait mal. La voie est large. Il a une telle expérience de la conduite qu'une accélération foudroyante, même en marche arrière, laisserait les uniformes sur place.

– Ouvrez le coffre.

Dominique Giraldi jette un coup d'œil sur les deux échalas en costume de flanelle grise qui sortent à leur tour d'une voiture banalisée et s'avancent dans sa direction. La machine s'est grippée. Les flics ne sont pas venus là par l'opération du Saint-Esprit. Mais pourquoi se fait-il coincer à ce carrefour plutôt qu'à l'aéroport ou devant la propriété de ce poussah de Ralph Khoury ? Pas de temps à perdre. Dominique joue son va-tout. Tant pis pour les faux papiers qu'il va leur abandonner.

Quand il enfonce la pédale de l'accélérateur, la Porsche fait un bond en arrière dans un tel rugissement de moteur que les flics en demeurent pétrifiés. Un brusque demi-tour, un hurlement de pneus et la voie est ouverte. Il laissera le bolide dans un chemin de traverse et fuira par la plage, à l'abri des falaises. Les policiers pourront toujours s'amuser avec son passeport, si le cœur leur en dit. Savourer à satiété le nom bidon de Buttafoco!

Trop tard. Deux Ford à gyrophare bloquent à leur tour Adarth Road. Le piège. Le quartier est cerné. Plus d'espoir. Les flics étaient bien là pour lui. Il a été vendu. Mais par qui, bon Dieu?

La Porsche vient mourir contre le flanc d'une Ford noire et blanche portant l'écusson de la police de San Diego.

Dominique ferme les yeux. Sous ses paupières se dessine le beau visage d'Isabel. Elle pourra l'attendre longtemps, ce soir, à l'aéroport futuriste de Galeao, auquel le Pain de Sucre sert de toile de fond.

Un décor qu'il n'est pas près de retrouver...

Première partie

LA BLANCHE ET LA ROSE

1

San Francisco, 25 décembre.

L'enseigne du Comedia Palace grince au bout d'une tringle de fer dans la grisaille de l'aube. L'établissement, bâti sur l'emplacement d'un relais de poste du temps de la conquête de l'Ouest est plus un motel pour déshérités qu'un hôtel de classe. Ici, pas de hall démesuré où se morfondraient clients et plantes vertes sous des lustres à pendeloques, pas de restaurant, pas de bar, pas de piscine, pas de night-club, pas de pelouses fleuries alentour. Une construction modeste d'un étage, en pin d'Oregon, que dessert une passerelle à claire-voie. Un triste alignement de portes à la numérotation douteuse sur des plaques ovales de faïence écaillée.

Dans un cliquetis de soupapes, le taxi freine en diagonale devant la façade vieillotte. La voix grasseyante du chauffeur se veut convaincante :

– Faut pas vous fier aux apparences, miss. Si je vous ai recommandé l'hôtel de Mrs Simpsons c'est qu'il y a pas meilleur rapport qualité-prix. On y est comme chez soi. Et la Gloria, elle est sympa, vous verrez, toujours prête à vous accueillir avec le sourire. Ça fera neuf dollars au compteur...

Isabel empoigne ses valises, escalade des marches qui gémissent. A l'étage, son index frappe une vitre derrière laquelle il lui semble distinguer un appareil téléphonique d'une époque révolue. La chevelure carotte d'un être hybride surgit presque aussitôt dans l'encadrement du vasistas.

– Je serai jamais tranquille! Qu'est-ce que c'est, encore?

L'affirmation du chauffeur a fait long feu. Le ton est moins qu'engageant. Isabel demeure interloquée. La vue des deux valises de cuir, frappées des initiales « I.D. » – Isabel-Dominique, folie de son amant au temps de sa splendeur – transforme pourtant le masque d'humeur en un sourire cauteleux. Le vasistas bascule.

– Excusez-moi, je croyais que c'était l'enquiquineur de la 13 qui avait encore besoin de quelque chose. Vous désirez?

– Une chambre. Le taxi qui m'a amenée de Sausalito m'a recommandé votre établissement.

Le sourire s'élargit un peu plus :

– Lequel? Un grand moustachu, un blond à l'œil de verre ou le Noir avec une verrue à la joue?

– Le Noir.

– Billy, pardi! Un gars sérieux. Je vous demande ça parce qu'ils sont trois à m'envoyer des clients et qu'il faut que je répartisse les commissions. Dites-moi, c'est pas courant de recevoir une visite aussi matinale, un jour de Noël! Pas vrai, Freddy?

L'énorme matou nommé Freddy qui a sauté sur la tablette du vasistas ronronne de satisfaction et frotte sa tête contre la robe de chambre rose bonbon de la propriétaire du Comedia.

– Une seconde...

La chevelure disparaît de la lucarne. Un bruit de chaîne et la porte de la loge pleure sur ses gonds. Dans l'encadrement s'inscrit une femme sans âge, petite, boulotte, aux joues plâtrées de fard, alors qu'une ribambelle de chats, Freddy en tête, dévisagent l'intruse de leurs yeux de saphir.

– Pour combien de personnes?

Isabel retient une grimace de répulsion. L'air est chargé d'une odeur de suie grasse que distribue, face à la porte, une cheminée ouverte à tous vents. Un gargouillement de canalisations semblable au fracas d'un marteau piqueur ébranle soudain la cloison.

– C'est le poivrot d'à côté, explique la logeuse. Un hystérique de la douche. Plus il boit, plus il veut se laver. J'ai beau lui recommander de ne se doucher qu'après mon réveil, il n'y a rien à faire. Mais où je vous mettrai, vous ne l'entendrez pas. Un grand lit ou deux petits?

– Un seul, répond Isabel, la gorge nouée. Pour quelques jours.

Mrs Simpsons fronce le sourcil. Son œil délavé se pose sur la jeune femme avec une telle insistance qu'Isabel se sent obligée de détourner la tête. Placardée au-dessus du lit défait, une affiche grand format représente une danseuse aux cheveux flamboyants, aussi fardée que Mrs Simpsons, moins dodue toutefois, qui lève la jambe au cœur d'une débauche de plumes d'autruches, les bras dressés au-dessus de la tête en un gracieux arrondi.

– Jolie pose, n'est-ce pas? commente la logeuse avec une satisfaction évidente. C'est quand j'étais sur scène. Dans le temps, j'étais actrice. Je savais tout faire, moi : danseuse, diseuse, chanteuse, comédienne... Si ces Marie-couche-toi-là de Marilyn Monroe ou de Rita Hayworth ne m'avaient pas court-circuitée, j'aurais pu aller loin... Enfin, c'est comme ça. Heureusement que je me suis gardée de jouer les cigales comme des tas de nanas sans cervelle. J'ai collé mes économies au Comedia, pour assurer mes vieux jours... C'est pas que je veux savoir, mais comment ça se fait que vous êtes seule? Noël, ça se passe en famille, d'habitude!

Isabel ferme les yeux, réprime un hoquet d'émotion. Est-il question de Noël, pour elle, désormais? Elle n'a qu'une envie : reprendre ses valises, faire demi-tour, quitter ce boui-boui, fuir l'Amérique, tout oublier, même Dominique! La voix haut perchée de Mrs Simpsons la ramène à la réalité.

– Si je peux me permettre, dit-elle, en pointant un index à l'ongle rouge, vous, vous avez un problème. Pas besoin de lire dans le marc de café pour le voir. Un mec qui vous a laissé tomber, je parie. Non?

– Non, bredouille Isabel.

– C'est comme vous voulez, mais à moi, faut pas me raconter d'histoires. J'ai trop vu ce qu'ils étaient capables de faire aux femmes, ces salopards de bonshommes. Tous des machos. On s'y accroche avec le cœur, avec le ventre et puis, hop, ils s'en vont butiner ailleurs. Si je vous en cause, c'est que j'y suis passée moi aussi, comme les autres. Maintenant je suis blindée. J'en avais un, un costaud, pas futé pour un *cent* mais bâti comme un taureau. Il ne connaissait rien au domaine artistique, seulement question plumard fallait voir ce que c'était! Bref, il me racontait que j'étais tout pour lui, que j'étais la femme de sa vie, le nombril de son existence. Et moi, bêtasse, j'y croyais! Je l'ai emmené une semaine en tournée avec moi. Eh bien ce salopard n'a rien trouvé de mieux que de partir avec la femme du souffleur! Le vieux en a eu tellement de chagrin qu'il mélangeait tous les textes dans son trou. Moi aussi, ça m'a fait un coup, j'y étais attachée. Vous la voulez pour combien de temps? Huit jours, quinze? Un mois? Ce que je vous en dis, c'est pour le prix. Parce qu'il faut la régler d'avance, la chambre. Normal par les temps qui courent. Il y en a trop aujourd'hui qui se font la malle sans payer, avec un drap ou une couverture en plus. Tenez, j'en ai chopé un mardi dernier, qui se carapatait par l'escalier des pompiers avec la carpette de la 18, celle que je vais vous donner. La carpette, je l'ai récupérée, bien sûr. Je l'ai même fait clouer devant le lavabo. Avec les bagages que vous avez, ça m'étonnerait que vous vous amusiez à chiper le matériel. Elles sont à vous les valises?

Isabel soupire. Le verbiage de Mrs Simpsons la fatigue.

– Bien sûr. Je peux voir la chambre?

– Tout de suite. Je vous demandais ça comme ça, parce qu'elles sont superbes. Ce qui prouve que dans la vie, on a des hauts et des bas. Je vais même vous dire un truc : il faut qu'il soit vachement fêlé, le type, pour laisser tomber une belle fille comme vous. Elle en vaut vingt, la 18, mais je vous fais un prix : douze dollars! Il n'y a ni télévision ni téléphone mais on peut y faire sa cuisine. Comment c'est votre prénom?

– Isabel.

– Moi, c'est Gloria. Vous payez comment, Isabel? Par chèque, par carte de crédit ou en espèces?

– En liquide. Pour huit jours, le temps de m'organiser.

Mrs Simpsons ouvre le tiroir de la table qui sert de support à un réchaud fuligineux, sort un carnet à souches.

– Je suis sûre que vous vous y plairez. C'est la plus calme. La 17 et la 19, je les réserve aux couples en retard d'affection. Dans la journée seulement, pendant que vous travaillerez. Qu'est-ce que vous faites comme travail?

Isabel esquisse un timide sourire:

– Je vais en chercher. Je suis venue à San Francisco pour ça... Au Brésil, j'étais demoiselle de compagnie chez la veuve du conservateur des Beaux-Arts...

– C'est que je n'ai pas d'antiquités à vous proposer, moi! Mais si ça vous intéresse, j'aurais quelque chose pour vous. Un copain cherche une barmaid. Une fille bien sous tous rapports. Ce n'est peut-être pas un job pour une femme du monde, mais au moins ça vous assurerait la bouffe et la chambre. Faut que ça plaise, naturellement, quoique dans la vie on ne fait pas ce qu'on veut... Pas vrai, Freddy? Ça vous irait, barmaid dans une boîte de nuit, Isabel?

La chambre pue le désinfectant. Clouée sur le seuil, Isabel compare cette crasse mal camouflée au luxe de l'appartement qu'elle occupait à Rio, avec Dominique. Là-bas, une vue imprenable sur la plage de Copacabana ; les montagnes aux parois nues jaillissant de la forêt vierge. Ici, une cavité sombre qu'une lampe au verre dépoli, au-dessus d'un lit recouvert d'une toile tissée à la mexicaine, éclaire faiblement. A terre, un linoléum verdâtre agonisant sous les pieds d'une table et d'une chaise en formica. A droite, un rideau translucide qui dissimule à demi un bac sur lequel un tuyau au chrome jauni fait office de douche.

– Vous n'avez pas l'air emballée, à ce que je vois ! Elle ne vous plaît pas, ma chambre ?

– Si, si. Je regardais où j'allais pouvoir caser mes valises...

– Sous le lit, voyons ! dit Mrs Simpsons un peu sèchement. Comme les autres locataires. Pour le prix, je ne peux tout de même pas vous offrir des armoires de chez Bullock's. Il n'y a rien de meilleur pour la colonne vertébrale que de se baisser et se relever.

Isabel se force à sourire. Un sourire de complaisance.

– On le dit. Pourquoi cela sent-il si fort dans la pièce ?

– Vous trouvez ? Moi, je ne sens rien ! Sans doute parce que j'y suis habituée. Je mets un produit pour les cafards. Si ça pouvait seulement chasser le vôtre !... Dites, pour le night-club, je téléphone à Mario pour dire que ça colle, ou non ? C'est un type bien, vous savez. Il connaît tellement de monde qu'il est capable de vous dénicher un contrat avec un producteur d'Hollywood. Ça me rappelle une occasion que j'ai eue un soir à San Diego. Un nabab se trouvait dans la salle...

Isabel n'écoute plus. C'est à San Diego que s'est

terminé le voyage de Dominique. Ce jour-là a commencé pour elle la dégringolade vers le gouffre. L'arrestation pour trafic de stupéfiants de ce mari qu'elle chérissait tant et qu'elle croyait promoteur immobilier l'avait anéantie. Doumé l'avait trompée. Elle en avait ressenti une terrible blessure. Le trafic, voilà qui justifiait ses nombreux déplacements à San Diego, au moins deux fois par mois. Comme ses explosions de joie, au retour, et ces valises bourrées de dollars ou de cruzeiros qu'il versait au compte de sa femme...

– Vous me suivez, Isabel?

– Oui, oui, bien sûr.

– ... Je vous disais qu'un soir, à San Diego, j'ai fait un tel tabac que la salle s'est levée pour m'applaudir. Impossible de quitter la scène. Bis, rappels, nouvelles acclamations. Rien que du beau monde. Là-dessus, un producteur qui vient me voir dans ma loge. Le frère d'un Attorney au Département de la Justice à Washington...

A nouveau, Isabel décroche. Elle ne lui a pas fait de cadeau, la Justice, à Dominique. Vingt années de détention pour violation des lois fédérales avec incarcération au quartier des irrécupérables à la prison de San Quentin. On était loin de leur vie dorée à Rio! Combien de fois a-t-elle regretté, depuis, de n'avoir pas su deviner la véritable occupation de son mari! Elle s'était souvent étonnée de sa discrétion à propos de ses affaires. Un jour, n'y tenant plus, elle lui avait fait part de sa perplexité :

– Mais enfin, Dominique, une société, ça a pignon sur rue. Ça possède une comptabilité... Je ne t'entends jamais parler chiffres.

Il avait souri, de ce sourire charmeur qui découvrait une denture presque aussi parfaite que celle de son chanteur favori.

– Parce qu'ici tout se fait au noir, ma chérie. Ça évite les taxes sur le chiffre d'affaires et les impôts...

– Et la location des bureaux de Brasilia? Et les frais généraux?

Il s'en était tiré par une pirouette.

– Mes associés s'en occupent, voyons! Pourquoi ces questions?

– Je cherche à comprendre. Tes associés ne me plaisent pas, si tu veux savoir. Quand tu es avec eux, tu n'es plus le même.

Il l'avait attirée contre lui, avait enfoui son visage dans la chevelure soyeuse.

– Qu'est-ce qui te fait dire ça? Ce sont de braves types, Mathieu et Pascal. Tu ne vas pas leur reprocher de faire fortune!

Isabel s'était tue, ne sachant comment exprimer sa fâcheuse impression. Les deux hommes, corses comme Dominique, menaient une vie fastueuse qui ne manquait pas de la surprendre. Mathieu Medioni, la soixantaine passée, trapu et chauve, parlait avec un léger zézaiement qui pouvait prêter à rire. Mais le regard était glacial, sous les sourcils broussailleux. A chacun de ses passages à Rio, Isabel ressentait un trouble désagréable qu'elle ne pouvait s'expliquer. Il se vantait de posséder un ranch fabuleux, à proximité de la frontière paraguayenne, ne se déplaçait que dans son jet privé que pilotait un Napolitain d'allure sinistre dont elle n'avait pu saisir que le prénom, Giuseppe.

Dominique avait pour Mathieu une déférence qui l'avait à plusieurs reprises étonnée. Comme l'avait mécontentée la considération qu'il témoignait à Pascal Guettaro, plus jeune que lui, amoureux de sa Ferrari rouge dont il astiquait religieusement l'écusson tous les matins. Quant à Giuseppe, le Napolitain, ses yeux petits et cruels dans un visage ingrat ne plaidaient pas en sa faveur.

– Ce que je leur reproche, Doumé, c'est de toujours parler à mots couverts avec toi, avait-elle enfin expliqué. On dirait que vous vous méfiez de moi et qu'ils te font peur !

Il avait éclaté de rire.

– Peur, mes associés ? Tu plaisantes ! C'est parce que nous autres, Corses, nous sommes des gens discrets. Mathieu et Pascal sont mes amis. S'il m'arrivait quelque chose, ils seraient là pour s'occuper de toi. Je leur ai laissé ce qu'il faut pour ça.

Elle avait relevé la tête, balbutiant, comme si elle allait pleurer :

– Qu'est-ce qui peut t'arriver ?

– Je ne sais pas. Un accident... Je suis toujours entre deux avions. Ma sœur Laetitia a bien disparu, à vingt ans, au cours d'une balade en mer. Le destin, tu sais...

Le destin avait frappé à San Diego.

Quand il l'avait appelée, trois mois auparavant depuis son hôtel, il lui avait promis d'être le soir-même à l'aéroport de Rio. Elle était allée l'attendre. Il n'avait pas débarqué. Elle avait alors téléphoné au Coronado, pensant qu'il avait raté le Boeing. Le concierge s'était montré catégorique : il n'y avait jamais eu de Giraldi à l'hôtel.

– Ce n'est pas possible. Je l'ai eu au téléphone hier soir et ce matin...

– Quelle chambre?

– 367.

– Un instant.

Des voix assourdies avaient résonné dans l'écouteur tandis que son correspondant la faisait attendre.

– Il n'y a jamais eu de monsieur Giraldi à la 367. Vous êtes sûre du nom, madame?

– Absolument. Et du numéro.

– Vous devez faire erreur. Je suis désolé, mais je ne peux rien pour vous.

L'employé avait raccroché. Isabel, intriguée et inquiète, n'avait pas fermé l'œil de la nuit, espérant un appel de son mari. Le lendemain, angoissée, elle s'était précipitée au siège de la Varig, avenida Rio Branco.

Son décolleté avait impressionné le chef d'escale, dont les yeux brillaient bizarrement lorsqu'il avait feint la compassion.

– Vous êtes sûre qu'il a pris le vol de la Varig?

– Je l'ai accompagné jusqu'à la porte d'embarquement.

– Ça ne signifie rien. Certains passagers font semblant de partir pour faire croire à leur femme... Vous voyez ce que je veux dire.

Il avait pianoté sur son computer avant de conclure :

– Pas de Giraldi sur la ligne d'Amérique du Nord, ces jours-ci... Vous êtes libre pour dîner?

Isabel n'y comprenait rien. Pas de nouvelles de Dominique, pas de trace de son passage sur le courrier Rio-San Diego. Il ne pouvait y avoir qu'une explication : Dominique n'avait pas voyagé sous son vrai nom. Mais pourquoi?

Le coup de fil bref, impératif, de Mathieu Medioni l'inquiétait encore plus.

– Je suis à la campagne. Avez-vous reçu de la visite?

– La visite de qui?

– Je ne sais pas... De la police, par exemple.

– Pourquoi la police?

– Pascal vous expliquera. Doumé va bien, c'est le principal. Il a pris pour avocat maître Ferrus, de San Francisco, qui me charge de vous dire de quitter Rio très vite. Juste une valise. C'est urgent.

– Mais... pourquoi un avocat? Où est Doumé?

– Faites ce qu'on vous dit. Et vite, très vite, si vous voulez lui rendre service.

A la banque Frances e Italiano, nouvelle surprise : le compte que Dominique lui avait ouvert avait été vidé le matin même. Elle s'était alors souvenue de la procuration qu'elle avait signée, à sa demande, pour « le cas où il lui arriverait quelque chose ».

Elle venait de regagner l'appartement quand le téléphone avait de nouveau sonné. Cette fois, c'était le grand Pascal :

– Vous avez eu Mathieu?

– Oui, mais je n'ai rien compris à ce qu'il m'a dit. Qu'est-ce qui se passe, enfin?

– Doumé a eu un petit ennui, mais ça va s'arranger. Si vous êtes interrogée par la police, vous ne connaissez personne, ni Mathieu, ni moi. C'est l'intérêt de Doumé. Un concurrent jaloux a voulu nous jouer un tour... Doumé est à San Diego, pour le moment, chez les Narcos. On lui a fourni un avocat.

– Pourquoi les Narcos, Pascal? Et quel ennui?

– L'avocat vous racontera. Un conseil: quittez Rio le plus tôt possible. Sans laisser d'adresse.

Isabel, abasourdie, avait raccroché. Elle avait jeté quelques affaires pêle-mêle dans deux valises, fermé la porte à double tour, fui l'immeuble par l'ascenseur de service, hélé un taxi. Une heure plus tard, elle quittait l'aéroport géant de Galeao, à destination de San Francisco.

Les détails de l'arrestation de Dominique, l'avocat Ferrus les lui avait envoyés en pleine figure. Surpris en flagrant délit de transport d'héroïne, le prétendu Domenigo Buttafoco s'était fait arrêter dans le quartier élégant de La Jolla. Les agents fédéraux l'avaient durement interrogé mais il n'avait pas voulu parler. La Cour lui fit payer cher son attitude: vingt ans de détention à la prison d'État de San Quentin.

Malgré ses démarches, l'Administration de la Justice ne voulut pas délivrer de permis de visite à Isabel qui s'était momentanément fixée au Clarion Hotel de San Rafael, proche du pénitencier californien. Chaque semaine, grâce au service des cars assurant la liaison avec la prison, elle allait y déposer des colis et du linge pour son mari, espérant que l'avocat Ferrus lui obtiendrait, enfin, un permis de visite.

Puis elle avait reçu une lettre de Dominique...

– Ce n'est pas la peine que je continue, conclut Gloria Simpsons. Vous ne m'écoutez pas. Je vous laisse...

Isabel pénètre enfin dans la pièce, en verrouille la porte, se laisse choir sur le lit dont les ressorts grincent. Elle sort de son soutien-gorge la lettre de Dominique, qu'elle a lue et relue plus de dix fois déjà :

Ma chérie. Trois mois bientôt que je suis incarcéré. Un enfer. Pardon pour le mal que je t'ai fait. Ferrus va me laisser tomber, je le sens. Trop de déplacements et pas assez d'honoraires. Les Fédés sont revenus me voir. Quatre fois qu'on m'appelle à la direction. Ça fait jaser.

Si je parle, j'aurai une réduction de peine et l'assurance d'un transfert dans une prison plus cool. J'ai passé en revue toutes les possibilités. Je n'ai pas le choix.

Dès réception de cette lettre, tu quittes San Rafael. Et tu ne m'écris plus. Je sais que ma décision va te faire de la peine. Ce n'est pas non plus la joie chez moi. Je saurai toujours où te toucher, ne t'en fais pas. Je ne tiens pas à ce que tu fasses les frais de l'opération. Plus de contact avec Ferrus, donc. Encore moins avec les garçons que tu as connus et dont tu te méfiais. Le compte qu'ils ont vidé, ils vont en payer les intérêts, fais-moi confiance.

Isabel, nous vivions l'un pour l'autre. Je vais faire en sorte que cela continue.

Je t'aime.

Dominique Giraldi – Quartier G – Pénitencier de San Quentin. Cellule 343.

P.S. Tu as bien compris : discrétion totale et ton adresse à personne.

Isabel, les larmes aux yeux, replie la lettre, la remet dans son soutien-gorge. Son regard fait le tour de ce qui va devenir, pour quelque temps du moins, son univers. Comment en est-elle arrivée là ? Depuis sa rencontre avec Dominique, elle avait perdu l'habitude du malheur. Pourquoi faut-il qu'elle retrouve ici, dans cette Amérique dont elle avait tant rêvé, une misère aseptisée, tout aussi noire que celle de son enfance, dans le quartier d'Algados à Salvador, où des milliers de cabanes branlantes croupissent sur leurs pilotis envahis par la boue.

Parce que son ivrogne de père l'avait plusieurs fois violée, elle avait été confiée, à l'âge de dix ans, aux religieuses de la Fondation Gloria do Outeiro à Rio. Quatre ans plus tard, les bonnes sœurs lui trouvaient une place de demoiselle de compagnie chez la veuve du conservateur des Beaux Arts. Elle y parachevait son éducation. Mais la mort de sa bienfaitrice allait la laisser seule, désemparée, dans une capitale qui présente, en fin de semaine, le plus grand nombre de jolies filles au mètre carré.

Lorsque Dominique la croise devant le Copacabana Palace, le Carnaval bat son plein. Des masses humaines chantantes et dansantes déferlent dans les rues en ébullition. Les Cariocas défilent au son des cuivres et des roulements incessants des *baterias*. Dans l'indicible bousculade, dans le vacarme assourdissant, les corps des filles dénudées se livrent à de sulfureuses exhibitions de sambas, aux côtés de danseurs richement costumés qui inventent des figures au gré de leur inspiration décuplée par la drogue et l'alcool.

Isabel est la plus belle Brésilienne que Dominique Giraldi ait jamais rencontrée. Le blouson en toile de jean révèle l'arrogance d'un buste libre de toute entrave et le pantalon-collant noir, savamment ajusté, la rend plus sculpturale que les cover-girls de ses magazines favoris. Il en a le souffle coupé. Rien à voir avec les filles qu'il a connues au cours de ses périples sud-américains, allumeuses en tee-shirts, en tangas – ces maillots de bain largement échancrés sur les hanches dévoilant la plus grande surface possible de cuisses fermes et ambrées – ou en simple cache-sexe. Des enjôleuses à l'œil aguichant, qui chaloupent devant les terrasses des cafés de l'avenida Atlantica ou se déhanchent sur les interminables plages de sable blond et dans les clubs à la mode, vibrants de décibels, loin, très loin de la traditionnelle pudeur vertueuse des Américaines. Difficile de deviner, derrière les sourires engageants, si ces « Prix de Diane » appartiennent à la société dite « haute » ou si elles sortent tout droit des favelas, les quartiers pauvres et mal famés de Rio, masse chaotique de briques et de planches recouvertes de tôles ondulées où s'entassent des millions de déshérités. Aucune d'elles ne possédait la perfection toute simple, le charme un peu triste d'Isabel, sa démarche aérienne et voluptueuse.

Le coup de foudre est réciproque. La différence d'âge ne saurait détourner la jeune femme de ce grand Français brun aux yeux bleus. Un homme solide sur lequel elle pense pouvoir s'appuyer après tant de désillusions. Peut-être même celui qui peuplait ses rêves d'adolescente...

Le tourbillon humain les emporte vers l'avenida Presidente Vargas où le délire du Carnaval atteint son paroxysme. Sous le déroulement incessant des instruments à percussion, les écoles de sambas défilent, débordantes de couleurs, arborant fièrement leurs emblèmes devant les chars dont l'exubérance florale déployée autour des jeunes métisses presque nues met la foule en délire.

Le soleil couronne le Pain de Sucre et le Christ du Corcovado aux gigantesques bras ouverts sur la baie en signe de bienvenue, quand Isabel et Dominique se réveillent, enlacés, dans la modeste chambre de la jeune femme, sur les hauteurs de Santa Teresa. Dans la semaine qui suit, Isabel abandonne les rues tortueuses du pittoresque quartier, repaire d'artistes en renom et de peintres du dimanche, pour s'installer dans le duplex-terrasse de la praïa de Botafogo que Dominique vient de louer et de meubler à son intention.

Giraldi couvre Isabel de cadeaux au retour de chaque voyage, l'accompagne dans les boutiques de l'avenida Nossa Senhora de Copacabana, ne discute pas le prix des pierres ni des bibelots en argent massif. Bien qu'il lui ait fait ouvrir un compte à la Banco Frances e Italiano qu'il alimente abondamment en devises, Dominique règle toujours ses achats en espèces.

– Qu'est-ce que tu fais dans la vie? lui avait-elle demandé au début de leur liaison. Ça veut dire quoi, Brasilia-Realty, sur ta carte de visite?

– C'est une société de promotion immobilière.

Je construis un peu partout. A Buenos Aires, à Asunción, à Montevideo. En Californie, surtout : on a vingt-cinq immeubles en chantier. Mes associés ont installé le siège de la société à Brasilia pour être plus près des ministères. On gagne du temps, pour la paperasserie.

Elle avait soupiré, blottie contre lui :

– C'est pour cela que tu es toujours parti en Amérique, en Bolivie, en Argentine...

– C'est pour ça, bien sûr. Mais je te promets, je vais voyager moins souvent... Après tout, mes associés peuvent se déplacer, eux aussi.

Quelques semaines avant son arrestation, alors qu'un fiacre d'un autre âge les entraîne au fil des rues silencieuses de l'île Paqueta, où tant de jeunes mariés de Rio passent leur voyage de noces, Dominique serre tendrement la main d'Isabel dans la sienne.

– J'ai une surprise pour toi, dit-il, l'œil brillant.

Elle pense cadeau. Après un instant de silence, il s'explique :

– Je t'épouse. J'ai pris rendez-vous avec le curé de Notre-Dame de la Purification...

Stupéfaite, elle ne peut que balbutier :

– Chéri...

– Si, si. On se marie à Reno, au Nevada. A chaque coin de rue, il y a des chapelles qui vous unissent en moins de cinq minutes, pour le meilleur et pour le pire. Le pire, avec toi, je ne le connaîtrai jamais.

Il tient parole. Une rapide visite au lac Tahoe, une autre à Las Vegas, et les époux regagnent Rio. Comment imaginer, alors, que les jeunes mariés passeraient de telles fêtes de Noël, Dominique isolé au quartier des irréductibles du pénitencier de San Quentin, et elle dans ce motel crasseux de Steiner Street?

Isabel se reprend. Non, elle ne peut rester seule en cette journée de fête familiale. Peu importe ce que dira Dominique, peu importent ses consignes de silence, il faut qu'elle lui fasse passer son message, un message d'amour. Qui sait si un des gardes, attendri, ne l'autorisera pas à lui parler? L'avocat Ferrus lui avait dit que cela arrivait parfois...

Elle se redresse, quitte la chambre, longe la passerelle. Son doigt cogne à la porte vitrée de Mrs Simpsons.

– Oui?

– C'est moi, Isabel Giraldi, madame. Est-ce que je peux téléphoner?

Le panneau s'ouvre. La logeuse en combinaison rose à dentelles apparaît, la chevelure surmontée d'un échafaudage de bigoudis multicolores. Freddy, son matou préféré, s'étire en bâillant.

– J'allais faire ma toilette... Vous voulez changer d'hôtel?

– Non. Je voudrais le 454.1460 à San Quentin.

Le front de Mrs Simpsons se plisse. San Quentin, c'est la prison d'État. Qui peut-elle appeler à cet endroit, un 25 décembre, à neuf heures du matin?

– San Quentin, vous êtes sûre?

– Oui. Il faut que je parle à mon mari.

La logeuse sourit, rassurée. Le mari d'Isabel doit être un surveillant de pénitencier. La rupture n'est peut-être pas définitive.

– Je vous le fais tout de suite, madame Isabel.

Le doigt épais de Mrs Gloria a composé le numéro. Une voix dure résonne au bout du fil.

– 454.1460. Prison de San Quentin, j'écoute.

– Ne quittez pas, une cliente veut parler à un de vos collègues.

Elle tend le combiné à Isabel et approche son oreille de l'écouteur accroché au socle noir. Abasourdie, elle entend alors sa locataire demander à parler non pas à un gardien comme elle s'y attendait, mais au détenu Dominique Giraldi, matricule 13.712. A l'autre bout de la ligne, un éclat de rire fait grésiller l'écouteur.

– Qu'est-ce que c'est que cette plaisanterie? Vous n'êtes pas dans un club de rencontres, ici! Si vous avez un message on transmettra. Votre numéro, pour qu'on vous rappelle!

Et, avant que Gloria Simpsons ait pu dire un mot, elle entend Isabel transmettre, d'une voix brisée, le numéro du Comedia Palace au standardiste du pénitencier.

2

Pénitencier de San Quentin,
Californie, 25 décembre

Les mains soudées à la faïence murale, bien campé sur ses jambes, Dominique Giraldi offre sa nuque au jet puissant de la douche. L'eau qui l'assourdit gomme le brouhaha habituel de la salle où les plaisanteries salaces et les vociférations des prisonniers, les aboiements du gardien et les coups répétés de sa matraque sur les canalisations, se mêlent en un magma sonore épuisant. Il demeure ainsi immobile, statue ruisselante, les yeux clos, s'efforçant d'oublier qu'il n'est plus qu'un matricule, un « irrécupérable » voué à la hargne de Douglas Broderick, le surveillant-chef aux cheveux blonds et raides, à la peau rougeâtre, qui joue au caïd parce que la direction de la prison lui a confié la responsabilité du bloc G.

– J'aime pas les Frenchies, a-t-il prévenu Dominique dès son arrivée au pénitencier. Vous êtes une longue peine, un irréductible comme les Noirs, les Chinois, les Mexicains, les Porto-Ricains et autres Indiens Iroquois que j'ai sous ma coupe. Vous serez traité comme eux.

Il a ouvert un dossier sur sa table de travail,

éparpillé quelques feuillets dactylographiés, relevé la tête :

– Joli palmarès, Giraldi... Évadé d'une prison française, arrêté sous une fausse identité en flagrant délit de transport de drogue, condamné à vingt ans en raison de votre mutisme devant la Cour. Vous ne pouviez donc échouer qu'au Country-Club ! Oui c'est comme ça que mes détenus surnomment le quartier disciplinaire. Vous en apprécierez vite le régime : discipline, discipline. Les portes sont verrouillées jour et nuit et si vous voulez quitter votre cellule, il vous faudra passer le bras entre les barreaux et l'agiter de bas en haut. Un gardien viendra vous demander ce que vous voulez. Compris ?

– Oui, monsieur.

– Appelez-moi chef, si cela ne vous écorche pas la bouche.

– Bien, chef.

– Parfait. Votre coupe de cheveux n'a rien de réglementaire. Trop longs, beaucoup trop longs. Ici, la boule à zéro. Ni polos ni chemisettes. Faudra vous mettre au diapason. Chemises à manches longues, hiver comme été. Vu ?

– Comme vous voudrez, chef.

Douglas Broderick a frappé de sa matraque le dessus de sa table, faisant voler les papiers.

– Ce n'est pas comme je veux, c'est comme le règlement l'exige, matricule 13.712 ! Il faut vous mettre ça dans votre petite tête d'irrécupérable. Moi, les irrécupérables, je les brise, vous m'entendez ?

Il s'est levé, a contourné son bureau pour ramasser un feuillet venu atterrir entre un classeur métallique et l'imprimante de son ordinateur, regagné son siège, la figure congestionnée, en enchaînant :

– Je vois là-dessus que vous êtes marié avec une Brésilienne que la police de Rio recherche. On dit qu'elles ont les fesses chaudes, les Brésiliennes. C'est vrai ?

Giraldi a observé un mutisme prudent.

– Quand je vous cause, matricule 13.712, il faut répondre ! Elles les ont ou elles ne les ont pas les fesses chaudes, les hystériques de sambas ?

– Je ne sais pas, chef.

– Comment, vous ne savez pas ? Eh bien moi, je sais. Je sais aussi que si vous ne voulez pas qu'un autre s'en occupe, vous avez intérêt à les récupérer rapidement, les fesses de votre femme. Chaque semaine, Sullivan, du FBI, passe me voir. Si vous souhaitez lui parler, prévenez-moi. Je vous le ferai rencontrer.

– Je n'ai rien à dire, chef.

Broderick a exhalé un profond soupir :

– On dit ça au début et, à la longue, on change d'optique. Pensez aux fesses de votre femme, ça vous aidera. Aux vôtres par la même occasion. Parce que dans les douches, il y en a qui ne seront pas longs à vous coincer pour vous faire votre affaire, je vous préviens. Les douches, nous, on n'y entre pas. On n'aime pas se mouiller... C'est comment le prénom de votre femme, déjà ? Ah oui, Isabel. Votre avocat m'en a parlé. Il paraît que vous y tenez. Pensez bien à elle, Giraldi !

Comment ne pas penser à Isabel en ce triste jour de Noël ? L'an passé, tous deux l'avaient fêté sur le sable fin d'Angras dos Reis, la baie des Rois, la plage paradisiaque au bord de l'immensité bleue de l'Atlantique. Ils avaient cheminé enlacés, pieds nus dans les vaguelettes, les lèvres d'Isabel collées aux siennes. Quand retrouveraient-ils de pareils moments? Jamais, sans doute. Le cynique Broderick le lui a fait comprendre dès son arrivée à San Quentin. Depuis, quatre fois, le Special Agent Dick Sullivan l'a fait appeler au parloir. Et quatre fois, il a su garder le silence sur les activités de ses anciens amis dont le FBI connaît les noms, sans pour autant détenir la moindre preuve contre eux.

Dominique s'écarte du jet, ouvre les yeux. Ses sens aiguisés lui signalent soudain un danger. Le vacarme de la pièce a cessé. Chose étrange, en une seconde, par quelque mystérieux avertissement, le silence inhabituel s'est transformé en menace. La salle des douches s'est subitement vidée. Les pommeaux continuent à y déverser autant d'eau que de vapeur mais les compagnons de captivité de Giraldi ont disparu, sans bruit, pendant qu'il rêvassait. Cinq minutes plus tôt, ses oreilles ne se seraient pas plus inquiétées du bruissement familier de l'eau sur le mur carrelé que des quolibets ponctués de huées ou d'applaudissements. A présent, elles sont en alerte. Son cœur cogne. Sa main saisit la poignée du mélangeur, la fait basculer. Le brouillard blanchâtre qui l'aveuglait se dissipe peu à peu, le martèlement des gouttes sur la grille d'évacuation finit par cesser.

Dominique se tient coi. Soucieux, il examine la pièce. Son regard suit l'alignement des tuyauteries, considère la faïence blanche des cloisons sur laquelle la buée se condense en fines gouttelettes.

Puis il se dirige à pas lents vers la porte du vestiaire, l'ouvre brusquement, sur la défensive. Sa progression s'arrête net devant un mastodonte noir, aussi nu que lui, qui barre le couloir. Ils sont seuls.

– Dégage, ordonne Dominique.

Pas de réponse. La masse sombre, luisante, se rue sur lui, les bras en avant, les mains visant la gorge de Giraldi qui a le temps d'enregistrer, vision fugitive, la porte grande ouverte du local technique où l'homme s'était dissimulé. Et c'est le choc.

Déséquilibré par la masse de muscles, il glisse à terre. Un coup de genou, assené en pleine poitrine alors qu'il tente de se redresser, lui coupe le souffle. Puis une serviette humide, torsadée comme un nerf de bœuf, s'enroule autour de son cou. Par réflexe, il saisit les bras, véritables piliers de bronze, tente de desserrer l'étau qui l'étouffe. Peine perdue. Des yeux chargés de haine se vrillent aux siens, des gouttelettes de sueur perlent sur le front de son agresseur dont le visage, déformé par l'effort, apparaît comme un masque effrayant.

Dominique joue son va-tout. Tel un militaire jugeant que, pour qu'une feinte trompe l'ennemi, il faut la pousser à fond, il simule brusquement l'évanouissement, paupières closes, bras et jambes flasques. Son adversaire grimace un sourire, relâche légèrement son étreinte. Mal lui en prend. Giraldi se libère, rassemble ses forces. Son poing droit, lancé à la volée, vient frapper le Noir sous l'oreille, au coin de la mâchoire qui fait entendre un bruit sec. Immédiatement, le poing gauche prend le relais. L'arcade sourcilière fendue, l'agresseur, surpris par le sursaut inattendu de sa victime, pousse un grognement, s'écarte, demeure quelques secondes à quatre pattes, hébété. Cette fois, le pied de Dominique l'atteint dans les parties sensibles. Un hurlement et un bruit de pas, dans le couloir.

Giraldi se relève, la main gauche ensanglantée, détourne la tête pour éviter la matraque du gardien mais n'est pas assez rapide pour se soustraire au coup de talon qui le frappe en plein ventre.

– *Stand up, you scum!*

Plié en deux, la respiration bloquée, il reste paralysé. La matraque, cette fois, atteint son but. D'abord le crâne, ensuite le bras. Dominique pousse un cri de douleur. Une main puissante le force à se redresser.

– Alors, Frenchie, c'est comme ça qu'on veut violer ses copains?

Giraldi se garde de répondre. Par-dessus l'épaule du gardien MacCoy, il cherche en vain le corps du Noir qui l'a attaqué. L'homme a disparu.

– On vous a posé une question, rugit Broderick qui a surgi derrière son auxiliaire. Vous avez voulu violer votre camarade ou vous avez glissé sur un morceau de savon?

– J'ai glissé, chef...

Le gardien-chef hoche la tête d'un air satisfait.

– A la bonne heure. Sans ça, tentative de viol, ça allait chercher loin. Plus loin que les dix jours d'interdiction de promenade pour être resté dans les douches au-delà du temps réglementaire.

– MacCoy!

– Chef?

– Collez-moi ce détenu au séchoir. Dix jours de régime sec ne lui feront pas de mal.

***

Douglas Broderick se cale contre le dossier de sa chaise, allume une cigarette.

– Entrez, Murphy.

Leslie Murphy appartient à cette catégorie de gardiens qui, dans leurs rapports avec les détenus, emploient la stratégie de l'attaque-repli. Là où il trouve de la faiblesse, il fonce et il matraque. Devant la fermeté, il louvoie pour capter la sympathie, recueillir l'information la plus anodine qu'il s'empresse de répercuter à Broderick. Tapi dans les recoins de couloir, il passe ses journées et ses nuits à épier les bruits de la prison, insensible à la puanteur des désinfectants, aux gémissements des jeunes pensionnaires soumis à la bestialité des plus forts. Petit homme replet aux cheveux poivre et sel taillés en brosse, les yeux marron toujours en mouvement, il déambule inlassablement dans les allées du bloc G, les mains passées dans son ceinturon de cuir noir qui supporte le talkie-walkie, le trousseau de clés de fonction et, à droite, une paire de menottes et la précieuse matraque, compagne de tous ses instants.

Il se tient debout devant la table de son chef, en position réglementaire, les mains derrière le dos, le regard pétillant de malice. Quelques jours plus tôt, la même lueur malicieuse dansait dans sa prunelle lorsqu'il avait annoncé à Broderick :

– On a été couillonnés, chef !

Comme piqué par une guêpe, le responsable du bloc des irréductibles avait sursauté :

– Comment cela, couillonnés, Murphy?

– Ben oui, chef. Giraldi a fait partir une lettre. Et c'est l'aumônier qui l'a collée en douce dans le panier du personnel...

La surprise avait figé les traits de Broderick.

– Griffith? Expliquez-vous, bon Dieu!

– Ça c'est passé comme ça, chef. Waldron, vous savez, que j'avais mis dans sa cellule...

– Le pédé, oui? Et alors?

– ... Il m'a dit que le Frenchie avait écrit à sa femme, qu'il l'a vu glisser la lettre dans son jean quand il est allé se confesser à Griffith, soi-disant pour que le bon Dieu le sorte de là. Le curé, forcément, il se laisse baratiner avec la rédemption des âmes. Vous y croyez, vous, chef, à la rédemption des âmes?

Broderick avait toisé son collaborateur, haussé les épaules, puis était allé se poster à la fenêtre grillagée de son bureau. C'était une belle matinée. Le soleil n'avait pas encore pris de la hauteur, mais le pénitencier était déjà plongé dans un bain de lumière. Dans la cour, des détenus se livraient à une partie de base-ball. Un Chicano en treillis bleu balayait mollement des feuilles qu'il poussait de quelques centimètres avant de les faire revenir à leur point de départ. Quelques secondes s'étaient écoulées tandis que Broderick restait là à contempler la cour, flegmatique et détaché. Soudain, il s'était retourné :

– Il a vu ce qu'il y avait dans la lettre, Waldron?

– Ça, non. C'est que le Frenchie n'est pas expansif. Jamais une plainte, jamais un reproche, jamais une confidence. On dirait qu'il est absent, qu'il s'est complètement détaché des choses de la vie.

Même de sa femme, il n'en parle jamais, comme s'il n'y tenait pas. La preuve qu'il y tient quand même... Un simulateur, ce Giraldi. Pas vrai, chef?

Broderick l'avait sèchement interrompu :

– Oui, ça va, on ne va pas s'endormir là-dessus. Alors?

Le sourire de Leslie Murphy s'était crispé. Il avait pris l'air modeste du chouchou de la classe venant dénoncer un camarade.

– Alors, j'ai eu un coup de chance, chef... Waldron m'a prévenu pendant la promenade ce matin. Comme le père Griffith venait juste de partir, j'ai eu l'idée de foncer au bureau du courrier, pas celui de la censure, le nôtre. Et j'ai eu le nez creux. Notre saint homme n'avait pas eu les nerfs de franchir le greffe avec une lettre compromettante. Il s'était contenté de la jeter dans la boîte comme si c'était lui qui l'avait écrite...

Déjà, Broderick se précipitait sur son interphone mais Murphy l'arrêtait d'un geste.

– Pas la peine, chef. Je l'ai récupérée, cette bon sang de lettre. Et je vous l'apporte. Vous voyez que, moi aussi, j'ai du flair... Sortie clandestine de courrier, ça va chercher encore au moins vingt jours de régime, non?

Broderick n'écoutait plus. L'information valait de l'or. Tel un automate, il avait tendu la main.

– Donnez et maintenant laissez-moi, que je réfléchisse...

Resté seul, il avait décacheté l'enveloppe avec précaution. « Si je parle, écrivait Giraldi, j'aurais une réduction de peine... Je n'ai pas le choix. » Le message ne laissait aucun doute sur les intentions du détenu de faire des révélations au Special

Agent Sullivan. La méditation de Broderick avait été de courte durée. Il avait décroché son téléphone, appuyé sur la touche de la ligne directe avec l'extérieur.

– Maître Ferrus, mademoiselle... Bien sûr que je veux lui parler personnellement.

Le gardien-chef essayait déjà d'évaluer la somme que l'avocat lui remettrait en échange de la missive de Giraldi, mais il n'avait encore là-dessus aucune donnée précise.

Trois heures plus tard, dans le somptueux et discret cabinet de maître Ferrus, il avait pu sentir le poids des billets verts qui gonflaient la poche intérieure de sa vareuse.

– Intéressant, Broderick, vraiment intéressant. Je fais une photocopie et vous postez la lettre de San Quentin comme si de rien n'était. Si vous avez du nouveau, je suis preneur. Dans les mêmes conditions, cela va sans dire.

La semaine ne s'était pas écoulée que Ferrus lui proposait un nouvel arrangement. Plus sérieux, cette fois, qu'une vulgaire photocopie de lettre. Le gardien-chef avait hésité. Pas longtemps. La vision du paquet de dollars qui lui avait été proposé avait emporté ses scrupules.

Et voilà que tout avait bêtement raté!

– Qu'est-ce qu'il y a encore, Murphy?

Le regard glacial que Broderick lance à son collaborateur est suffisamment éloquent pour que le gardien comprenne qu'il a intérêt à aller droit au but.

– C'est à propos de Giraldi, chef.

– Si c'est pour me dire qu'il vient de se bagarrer dans les douches ce n'est vraiment pas la peine.

– Non, chef. Je voulais juste vous signaler qu'il a reçu un coup de téléphone.

Broderick sursaute. Murphy, dont le pantalon vert foncé a tendance à tomber sur les godillots, lui tend un feuillet, vraisemblablement arraché d'un carnet.

– C'est quoi, ça?

– Le numéro de sa femme, chef. Elle a appelé ce matin pour lui souhaiter un bon Noël. Comme si la taule était un hôtel. Le planton a dit qu'il transmettrait au bloc de Giraldi et il a collé le papier dans ma boîte. Elle ne doute de rien, celle-là, hein chef?

– Vos considérations, vous les gardez pour vous, Murphy. Faites voir et laissez-moi. J'ai à travailler.

Le gardien, décontenancé par le ton cassant, se dandine d'un pied sur l'autre.

– Je vous ai dérangé, chef?

– Oui... non. Donnez-moi ça, je vous dis, et foutez-moi la paix.

Murphy, tête basse, claque la porte derrière lui. Broderick se penche sur son sous-main, s'empare du feuillet, déchiffre le numéro gribouillé d'une écriture primaire, relève la tête. Il se prend à sourire. Ce crétin de Murphy vient de lui servir sur un plateau l'adresse d'Isabel Giraldi.

Un tuyau inespéré, qui devrait effacer l'échec de la douche. Un sourire sardonique aux lèvres, Broderick décroche son téléphone et compose le numéro de l'étude de maître Ferrus.

3

Los Angeles, 28 décembre.

La *Petite Musique de Nuit* de Mozart m'entraîne vers le vingt-quatrième étage de l'Oppenheimer Building, un univers de silence au-dessus du grondement permanent des voitures, sur Wilshire Boulevard. Mes chaussures foulent la moquette d'un couloir interminable à la recherche de la suite 2467 que l'huissier au nez couperosé a dénichée à la lettre B du répertoire des locataires.

Je marque un temps d'arrêt devant la porte de palissandre sur laquelle une plaque de laiton a attiré mon attention. L'huissier ne s'est pas trompé. Le cabinet de RICHARD BAKER, FBI RETIRED, PRIVATE INVESTIGATOR, c'est là. Détective privé, retraité du Federal Bureau of Investigations, reconverti dans les recherches et filatures pour le compte d'une clientèle soucieuse de recueillir des informations impossibles à obtenir par la voie officielle. Un rôle que sa qualité d'ancien fonctionnaire de police lui permet d'assumer en échange d'honoraires, parfois substantiels, avec la discrétion et le sérieux qui sont l'apanage de l'administration.

Les yeux étirés de l'hôtesse eurasienne se pointent dans ma direction dès que je franchis le seuil de son antre. Ses longs cheveux noirs aux reflets bleus sous le néon se déploient dans un flou artistique savamment étudié. Le visage juvénile est exempt de maquillage. Seule une légère trace de rouge foncé souligne des lèvres que l'on aurait envie de mordre. Son regard sombre et luisant détaille mon costume en prince de Galles gris, ma chemise bleu ciel et ma cravate club aux couleurs de Paris. L'inspection semble rassurer la belle enfant dont le sourcil se fait interrogateur :

– Vous désirez ?

Je place mes mains bien à plat sur la table de réception, entre deux lourds combinés téléphoniques aux innombrables voyants multicolores, et je me penche sur le corsage de soie largement ouvert d'où s'échappe un parfum qui chatouille agréablement mes narines.

– Monsieur Baker m'a fixé rendez-vous à quatorze heures, dis-je. Pouvez-vous m'annoncer ?

Dans le kaléidoscope de son iris je discerne des lueurs de surprise, de doute, de curiosité et finalement de perplexité. L'hôtesse au parfum suave garde le silence, le temps de se livrer à une seconde inspection de ma personne, puis les lèvres s'entrouvrent :

– Monsieur Baker ne reçoit jamais le jeudi. Il le réserve à ses rendez-vous extérieurs avant de repartir pour Washington.

– Je sais, dis-je. Pour me faire plaisir, il a pourtant fait une entorse à ses habitudes...

Mon assurance n'a pas l'air de convaincre la jolie Asiatique qui ne condescend ni à titiller un des boutons du téléphone ni à quitter sa chaise pour annoncer mon arrivée. Elle se borne à m'adresser un petit sourire protecteur.

Je m'écarte un peu de la table, consulte ma montre :

– Il est quatorze heures. Vous ne le prévenez pas ?

Un léger, presque imperceptible mouvement d'épaules :

– Monsieur Baker n'est pas à son bureau, et j'ignore à quelle heure il revient, il ne m'a rien dit. Si vous voulez prendre rendez-vous pour un autre jour, ou lui téléphoner à Washington...

Mon menton désigne le canapé de cuir blanc aux larges accoudoirs, devant une table de verre surchargée de revues.

– Je vais l'attendre, dis-je. S'il m'a dit de passer, c'est qu'il ne va pas tarder.

Le cuir crisse sous mon poids. Je décèle un mouvement d'humeur, vite réprimé, de la belle hôtesse.

Une secrétaire de type bien américain, aussi blonde décolorée que l'autre est d'un noir naturel, traverse le hall, un dossier à la main, et se dirige vers une photocopieuse géante. Sa jupe dévoile des jambes longues et moule ses hanches comme une deuxième peau. Un beau brin de fille, fervente, à n'en pas douter, de jogging ou cliente attitrée de ces salles de musculation qui font florès à Beverly Hills et West Hollywood.

La voix de l'Eurasienne me fait retourner. Nos regards se croisent tandis qu'elle s'adresse au micro de son combiné téléphonique :

– *Yes, sir.* Quelqu'un vous attend, en effet... Je l'installe chez vous ? *O.K., sir.*

Le combiné a retrouvé son socle. Le ton de l'hôtesse est devenu doucereux.

– Si vous voulez me suivre, dit-elle en contournant sa table. Monsieur Baker s'excuse de son léger retard et vous prie de patienter quelques minutes encore dans son bureau.

Je me lève, suis les mollets galbés jusqu'à une porte à double battant qui s'ouvre sur un living de classe plutôt que sur un bureau directorial. La main aux ongles démesurés désigne une bergère à oreilles devant une imposante table d'acajou.

– Il sera là dans quelques instants. Il téléphonait de sa voiture.

Mon œil fait le tour de l'immense pièce qu'illumine une baie vitrée donnant sur les toits du Federal Building hérissés d'antennes de transmission, de l'autre côté du Wilshire. Aussi loin que porte le regard, rien ne peut le gêner. Au Nord, la chaîne embrumée des Santa Monica Mountains. A l'Ouest, le Pacifique dont les plages immenses se succèdent à l'infini, de Malibu à Marina del Rey. Au Sud, un immense parterre entouré d'arbres, avec en toile de fond le ruban à six voies de la Freeway 405, Sacramento-San Diego, où se traînent des milliers de voitures aux toits jetant par intermittences des éclats de soleil.

Le cabinet de Richard Baker reflète la tranquillité d'une agence prospère. Autour des canapés de cuir, des sièges d'acajou, et des plantes grasses, les murs couleur crème sont tapissés de photos éloquentes, retraçant la carrière du maître des lieux, ici en noir et blanc, tirées d'affaires anciennes, là en couleurs, lors de cérémonies officielles. Derrière le bureau, dans un cadre d'ébène, le portrait de John Edgar Hoover, le fondateur du Federal Bureau of Investigations, bouledogue aux cheveux courts et faciès de boxeur. De chaque côté du cadre, les diplômes de l'Académie de police et d'un championnat de tir. Sur un autre mur, un sous-verre dans lequel sont alignées deux rangées de décorations.

– Heureux de vous revoir, *Rodger*!

La porte s'est ouverte tout d'un coup. Les bras chaleureusement écartés, Richard Baker s'avance vers moi. Je quitte mon fauteuil, vais à sa rencontre.

Il ne change pas, Richard. Il ne changera jamais. Tel je l'ai connu, des années auparavant, alors que l'un et l'autre chassions le gibier officiel sur des terres pourtant éloignées l'une de l'autre, il m'apparaît aujourd'hui en pleine forme, le cheveu blond et court, la prunelle lavande, la mâchoire volontaire, toujours élégant dans un fil-à-fil gris sur des chaussures noires, la cravate un peu plus claire que la pochette.

Oui, il a l'air heureux de me revoir. Pas surpris, à vrai dire, puisque j'avais laissé ma demande de rendez-vous sur son répondeur et que sa réponse positive figurait sur le mien, à mon retour d'une balade à Santa Monica. Toujours son flegme qu'entretient le chewing-gum. Un large sourire balafre son visage.

– *How are you, Rodger?*

– Bien. Toujours à Hollywood Hills. Et vous, toujours entre Los Angeles et Washington, m'a dit votre beauté. Vous ne détellerez donc jamais?

La poignée de main qu'il m'octroie fait craquer la jointure de mes doigts. Il contourne son bureau, se laisse choir dans le fauteuil à griffons ailés.

– Ça fait combien de temps, déjà, l'affaire de la petite Patricia Tucson [1]? demande-t-il. Dix-huit mois? Deux ans?

– Deux ans, cher Richard. Une chance de l'avoir récupérée. Sa mère a regagné la Provence. Je l'ai revue à Paris, par hasard, dans un restaurant. Son mari, toujours avocat?

– Tucson? Bien sûr. Marié, divorcé, remarié. Coureur de filles, pas toujours du meilleur goût. Mêlé à quelques affaires peu recommandables... Je vous offre un havane? Clandestin, évidemment, car tout ce qui vient de chez Castro est boycotté...

Il pousse vers moi un coffret d'ébène qu'il entrouvre. Je refuse d'un geste de la main. Il le remet en place, demande:

– Vous partez pour les fêtes de fin d'année?

– Non. Le patron du Dôme m'a envoyé une invitation pour le réveillon de la Saint-Sylvestre. Mais je ferai un saut en France vers la mi-janvier, sans doute à Avoriaz pour le festival du film fantastique.

Je marque un temps puis:

– ... Outre le plaisir de vous revoir, je voulais vous entretenir d'une affaire qui me tient à cœur, Richard. Et qui nécessitera sans doute votre intervention.

La boule de chewing-gum se dessine maintenant sous la joue droite. Le sourcil se fronce:

– Un nouveau kidnapping?

– Non. Cette fois, c'est pire. Des amis avaient une fille, Violaine, étudiante à Berkeley, habituée, comme tous les jeunes, des restaurants et des cafés qui se sont multipliés sur le campus. Je l'avais

1. Voir *Kidnapping*, Presses de la Cité.

connue gamine. Une belle fille, intelligente, sportive, qui respirait la joie de vivre. Elle est morte d'une overdose. Ses parents ont voulu savoir dans quelles circonstances, connaître ses fréquentations, mais la police n'a pas été capable de les renseigner. Ils m'ont alors demandé d'essayer de leur fournir des éclaircissements sur la disparition de leur fille unique. Et je ne connais personne à San Francisco...

Le visage de Baker est devenu grave.

– C'est arrivé quand, cette histoire?

– En novembre. Violaine avait passé ses vacances à Saint-Tropez, avec ses parents. Le 16 septembre, elle regagne Berkeley. Deux mois plus tard, ils apprennent sa mort. La plainte qu'ils ont déposée contre *x* pour homicide involontaire n'a jamais eu de suite.

Richard Baker réfléchit quelques secondes.

– Vous vous souvenez du gros Bill?

L'évocation du sergent Franklin que ses collègues du Los Angeles Police Department surnommaient Pumpkin, « le Potiron », me fait sourire. Un bon flic, Franklin, sous une apparence trompeuse. Bougon mais pas méchant.

– Si je m'en souviens! dis-je. Un personnage qui ne s'oublie pas. Pourquoi?

– Il est lieutenant à San Francisco, maintenant. Muté sur sa demande pour se rapprocher de sa femme, infirmière au Medical Center de l'Université, donc aux premières loges, en ce qui concerne votre affaire. Parce que pour ce qui est de l'overdose, le cas de votre amie n'est pas unique...

Je sursaute.

– Vous voulez dire qu'il y en a eu d'autres?

Baker a un geste fataliste de la main.

– Hélas! Les collègues essaient de garder ça sous silence mais depuis quelques semaines, les décès se multiplient de façon inquiétante. Ce que je peux faire, éventuellement, c'est vous aménager un rendez-vous avec Bryce.

– Un collègue de Pumpkin?

– Non. C'est le Supervisor de San Francisco. Au courant de tout, forcément. Un type bien, dressé à l'école du FBI. J'entretiens d'excellentes relations avec lui et il pourrait peut-être vous donner des tuyaux. Dans le fond, plus j'y pense, plus je suis d'avis que vous contactiez Bryce.

Baker se lève, s'avance vers moi, un bloc de papier à la main.

– Notez-moi l'identité de la fille, dit-il. Ça accélérera les choses.

Je pose le bloc sur mon genou, inscris : « Violaine Sénéchal, née le 10 juillet 1971 à Paris (XVIe) », le rends à Baker qui le lit puis le glisse à l'intérieur de son porte-cartes.

– J'appelle Bryce, enchaîne-t-il, et je vous joins. Toujours à la même adresse?

– Toujours. J'aurai une réponse quand?

– Demain, en tout début de matinée. Je fais un saut à New Orleans et je reviens à L.A. Une sordide affaire de captation d'héritage. Au besoin, je vous accompagnerai chez l'ami Bryce...

– Et moi, je vous retiens pour une petite bouffe chez Moustache sur Melrose dès que vous êtes là. D'accord?

– *No problem, Rodger.* Surtout que le soufflé au chocolat est un régal et les serveuses en body, du tonnerre! Bien sûr que c'est d'accord.

4

San Francisco, 1er janvier.

Isabel vérifie la transparence d'un verre dans la lumière des spots, au-dessus du bar, puis le range avec soin sur l'étagère. Si elle ne veut pas rater le premier cable-car dont le tintement de cloche ne va pas tarder à trouer le silence, il serait temps que Mario lui règle sa semaine. Il est déjà six heures moins cinq et le propriétaire du *Lovely*, le club « in » du quartier de North Beach, en est toujours à éplucher sa recette derrière la porte blindée de son bureau. Dans le vestiaire aux relents de sueur, de savon et de parfum bon marché, les entraîneuses se rhabillent pendant que l'aspirateur de Vicente Risuelo, le portier-gorille-videur mexicain poursuit sa valse ronronnante entre les pieds des tables.

Le *Lovely* est une bâtisse en bois, à l'allure victorienne, plantée sur Broadway Street, le Pigalle de San Francisco. Dans les années cinquante, les beatniks en avaient fait leur quartier général. Quand ils essaiment sur Colombus, ils ne laissent derrière eux que des graffitis, des piles de bouteilles vides et des boîtes de conserves puantes. L'ancien refuge, paradis des rats, aurait connu les griffes des démolisseurs si Mario n'avait eu l'idée de l'acquérir pour une bouchée de pizza et d'en faire une boîte de nuit. Les poutres vermoulues disparurent sous un faux plafond d'aluminium, un tissu moiré vieux rose tendu sur les murs dissimula les graffitis pornos et une piste de danse circulaire, qu'un mécanisme élévateur pouvait transformer en scène tournante pour présenter les tableaux vivants, occupa le centre d'un cirque de banquettes habillées d'un velours bleu nuit. Un décor qui, sous la lumière tamisée des spots, apparaît sordide aux yeux d'Isabel.

Épuisée par la nuit de réveillon, la jeune Brésilienne n'aspire plus qu'à regagner le Comedia Palace et oublier l'ambiance déprimante du nightclub.

– Je vous dépose, miss?

Isabel ouvre les yeux. Vicente, qui a fini de passer la serpillière sur le carrelage du vestiaire, s'apprête à quitter le *Lovely*. Il essuie d'un revers de manche son front moite, fait tournoyer un trousseau de clés au bout de son index et le projette en l'air avant de le recueillir dans sa large paume.

– Tu es gentil, Vicente, mais Mario ne m'a pas encore payée. Je l'attends.

– Alors, à demain, Isabel.

Le videur gagne la sortie de sa démarche pesante, entrouvre la porte capitonnée qui laisse entrer un peu d'air frais, et disparaît en remontant le col de sa veste en cuir, dans la semi-clarté de Broadway aux trottoirs tapissés de confettis. Isabel, à son tour, s'emmitoufle dans sa veste

Saint Laurent qu'elle a pu sauver de Rio, et guette, devant le vestiaire, l'apparition de Mario. La proposition de Vicente l'a touchée mais elle préfère rester seule. Surtout un jour comme aujourd'hui. Que personne, dans la morosité de ce 1er janvier, ne vienne lui souhaiter la bonne année...

– Isabel ?

Mario a surgi devant elle, une enveloppe à la main.

– Votre paie, Isabel. J'y ai rajouté un petit quelque chose pour vos étrennes. J'espère que vous serez contente.

Isabel remercie d'un sourire, détourne presque involontairement les yeux, incapable de s'habituer au physique de son employeur.

Mario Scorza n'a pas pu dépasser les 1,60 m de ses quinze ans. Ses cheveux noirs, qui ruissellent de brillantine, couronnent des yeux fureteurs. Un nævus pileux orne le coin gauche de sa lèvre supérieure, dévoilant trois dents en or lors de ses rares sourires. Personne ne connaît l'origine de sa fortune mais Mario ne lésine ni sur la publicité, ni sur les formes des topless-gogos que des rabatteurs avisés lui expédient de Thaïlande ou du Brésil pour appâter la clientèle. Tout est programmé, au *Lovely*. Depuis les entraîneuses-frôleuses, vissées au pourcentage des consommations, jusqu'aux cinq chambres de l'étage dotées de miroirs, de variateurs de lumière et, raffinement suprême, de matelas à mouvements ondulatoires. Avec les élections de Miss Nudity et de Mister Gay, la revue-spectacle du petit Mario est assurément la plus hard de la côte Ouest.

Pourtant, aucune histoire d'ordre privé n'a

jamais circulé parmi les filles au sujet de leur patron. Le vice de Mario, qui a depuis longtemps renoncé aux plaisirs de la chair, c'est l'argent. Sa seule raison d'être est d'en amasser le plus possible. Il l'aime jusqu'à l'idolâtrie.

– Bonne année, Isabel. A ce soir, même heure.

La jeune femme hoche la tête. Il fallait que quelqu'un le dise...

– Bonne année à vous aussi, monsieur Mario. A ce soir.

Les oreilles gelées, elle presse le pas sur le trottoir de Broadway Street. L'*Aquatic*, le cabaret voisin, a depuis longtemps fermé ses portes. Le *Gogo Club*, une boîte plus que spéciale, jette à la face des passants un satyre terrassant un éphèbe, dont les cornes et les pieds de bouc, sculptés en relief, saillent sous les projecteurs.

Devant le *Good Kiss*, un chasseur encore en service à cette heure, revêtu de l'inévitable uniforme d'amiral, lui propose d'assister à la naissance du Nouvel An en compagnie d'une armada de marins danseurs. Isabel refuse d'un signe de tête, traverse Colombus Avenue. La station de trolley-bus 41, Folsom Park-Presidio, n'est plus très loin. Justement, il est là, l'arrêt, plongé dans un silence lourd qui contraste avec les beuglements de deux GI particulièrement éméchés. Vautrés sur un banc, une bouteille de bourbon à bout de bras, ils s'obstinent à hurler l'hymne américain.

Un clochard à barbe grise s'avance vers Isabel, la main tendue.

– Que l'année vous soit favorable, miss, énonce-t-il d'une voix chevrotante.

Les deux quarters qu'elle lui glisse le rendent euphorique :

– Et elle le sera, vous pouvez me croire ! ajoute-t-il. Je ne vois que du bonheur autour de vous. Beaucoup de bonheur ! *Happy new year !*

« Si seulement il pouvait dire vrai », pense Isabel en s'installant sur la banquette à claire-voie du trolley-bus, juste derrière le conducteur. « Jamais deux sans trois. Il n'y a plus que Mrs Simpsons pour me la souhaiter, cette nouvelle et bonne année. »

***

Le brouillard noie encore Steiner Street lorsque la Chrysler s'arrête tous feux éteints devant Budapest-West, le restaurant à la mode, l'ancien relais des diligences de la Wells Fargo. Jésus Rubio coupe le contact. Recroquevillé sur le siège arrière, le chapeau rabattu sur les yeux, le col de la gabardine relevé, Giuseppe Foata attend le moment de passer à l'action. Il contemple, maussade, le halo des réverbères, dans la bruine.

– Donne un coup d'essuie-glace, dit-il. Je ne vois plus le Comedia.

Jésus obéit. Il actionne les balais quelques secondes puis stoppe le va-et-vient. Dans le silence et l'obscurité de la voiture, la voix grave de Giuseppe n'a pas manqué de le surprendre.

– Je le vois, c'est le principal, dit-il. Elle n'est pas encore rentrée. Qu'est-ce qu'on fait ?

C'est un voyou de poche, Jésus, un Mexicain modèle réduit dont la spécialité est le vol de voitures pour le compte d'un garagiste-receleur de la ville-frontière d'El Paso, face à l'imposante cité mexicaine de Ciudad Juarez. Jésus vole, Augusto maquille. Les véhicules que des passeurs introduisent au Mexique pour la revente leur assurent des revenus mensuels non négligeables.

Giuseppe hausse les épaules, irrité. Le chauffage s'est arrêté en même temps que le moteur. L'humidité le pénètre. Il râle :

– Qu'est-ce qu'on fait ? Bah, on attend. On a laissé la fille au trolley, elle ne devrait plus tarder. Quand les loupiotes de sa chambre s'allumeront, c'est qu'elle sera là. N'importe comment, on la verra grimper l'escalier.

Les fines gouttelettes de brouillard donnent un aspect de patinoire au macadam du trottoir. Le quartier est désert. Dans ces résidences bourgeoises, en ce début de nouvelle année froide et humide, tout le monde dort encore. De l'autre côté de Fulton Street, les lampadaires jouent aux fantômes.

– D'accord, on attend, Giuseppe ! Mais c'était quand même plus facile de piquer la clé de sa piaule au tableau pendant que la mère maquerelle s'occupait de ses chats, non ? On aurait pu se planquer à l'intérieur, au moins, on ne se serait pas gelé les miches !

Jésus se rengorge, sûr de lui, se voyant déjà longer la passerelle, ouvrir discrètement la porte de la loge, s'emparer de la clé alors que la propriétaire du motel assure la distribution de pâtée à ses matous.

– C'est ça, rétorque Giuseppe, agacé. D'abord, il faudrait qu'elle y soit, la clé, au tableau. Ensuite, faut pouvoir la remettre. Le patron a dit de surveiller les allées et venues de la fille, alors on surveille, un point c'est tout. Il n'y a pas à discuter. Et dis-toi que Medioni en a un peu plus dans la tête qu'un petit casseur de bagnoles comme toi! Ne te prends pas pour un caïd, Jésus, tu serais déçu.

Abattu en plein ciel de gloire, toute euphorie retombée, le nabot lâche un juron. Il a à peine eu le temps d'entrevoir une silhouette féminine franchir la barrière du Comedia Palace et disparaître dans l'escalier.

– Giuseppe?

– Quoi donc?

– Je crois bien que c'est elle qui vient de nous filer sous le nez.

D'une claque sur le sommet du crâne, Foata ramène le Mexicain aux réalités.

– Quand je te disais que tu n'as pas intérêt à te prendre pour un caïd, tu vois... Tu notes l'heure sur ton calepin et on démarre.

Jésus jette un regard en dessous à son compagnon d'équipée dont la carrure et les petits yeux, vifs et durs, perdus dans le visage osseux, l'impressionnent.

– On va où?

Giuseppe s'étire, allonge la jambe gauche sur la banquette arrière, cale son épaule contre la portière, relève le col de sa gabardine. Puis il rabat son chapeau sur le nez et croise les bras, dans l'attente de quelques minutes de sommeil réparateur.

– A Chinatown, marmonne-t-il dans un bâillement de fatigue. Ici, on a vu ce que nous voulions voir. Restent les Chinetoques...

La surprise envahit les traits de Jésus qui se retourne d'un bond vers le fond de la voiture, faisant grincer les ressorts de son siège.

– Comment, les Chinetoques? s'exclame-t-il. Ça fait des semaines qu'on y planque, chez les Chinetoques. On attend quoi, merde, pour passer à l'action?

– Les ordres, petit, rétorque Giuseppe, les paupières baissées. Je t'ai dit cent fois qu'on était là pour exécuter les ordres. Démarre. Et ne t'inquiète pas, ce sera bientôt fini.

***

Mathieu Medioni mène une vie de milliardaire heureux dans son ranch brésilien qu'il a baptisé *La Maravilla*. Une merveille, en effet, que cette oasis de verdure au cœur de la région de Santo Angelo où des gauchos à la rudesse virile, en tous points semblables à leurs homologues d'Argentine, font corps avec leurs chevaux, portent des ceinturons de cuir passementé à larges boules d'argent et s'abreuvent de chimarrao, maté âcre et vert que contiennent les courges évidées suspendues à l'arçon de leur selle. Sur un fond de pâturage se dresse la façade de la bâtisse principale, d'une blancheur éclatante. Des auvents protègent, à la mode andalouse, les balcons aux fins balustres. Au centre du traditionnel patio, une fontaine de pierre distille, sur les massifs de fleurs multicolores, des perles d'eau qui scintillent dans le soleil. Un rempart d'eucalyptus masque d'autres bâtiments de l'époque coloniale dont les murs de brique, enserrés dans de solides pignons de bois noir, abritent les écuries, le magasin d'équipement d'équitation et la salle de ferrage des chevaux. A quelque distance de la piste d'envol, un hangar où voisinent un jet privé et deux hélicoptères. Le ranch se prolonge par un alignement de baraques où logent une soixantaine de gauchos qui parcourent, jour et nuit, la propriété en tous sens, la Winchester dans la fonte de la selle.

Mathieu Medioni n'a pas de profession définie. Ses étoiles de propriétaire terrien, il les a conquises sur le front de la débrouillardise née de la coupable et dangereuse incurie des gouvernements qui se sont succédé dans les différents États d'Amérique du Sud, de la bureaucratie aussi tatillonne que corrompue et de la fiscalité écrasante pour les uns, établie avec une cupidité non déguisée pour les autres. Il appartient à cette catégorie d'aventuriers corses que la Providence a enrichis en les jetant, après la Seconde Guerre mondiale, dans les commerces illicites en tous genres : trafic d'or, trafic de piastres, trafic de cigarettes américaines, trafic de drogue, surtout. Il a fui à temps le sol français devenu dangereux, dès que l'Office central pour la répression du trafic illicite des stupéfiants commença à s'intéresser à ses activités.

De son repaire de Tanger, ville internationale, il a d'abord régné sur le Milieu corse et marseillais en parfait accord avec ses correspondants, dirigeants de la Mafia et de la Camorra. Puis il est venu s'établir à Asunción, où il a organisé sa filière personnelle, recrutant parmi ses compatriotes recherchés pour meurtres ou hold-up des hommes capables de gérer ses têtes de pont, indispensables à la réception et à la distribution de la drogue en provenance du Liban. de l'Italie et de la France. Ses amis, Pascal Guettaro, recherché pour agressions à main armée et assassinats commis à Marseille et

Paris, et Dominique Giraldi, évadé de la prison des Baumettes, sont venus se mettre à sa disposition, de même que Giuseppe Foata, ancien pilote de chasse à qui la justice italienne aimerait bien demander des comptes.

Medioni, beau parleur, a su se faire des relations au sein des hautes personnalités civiles et militaires paraguayennes qu'il a intéressées à ses trafics. Avec la bénédiction du général président Stroessner, du directeur du service des renseignements Coronel et du chef des forces aériennes Quinonez, il a pu faire voler sans inquiétude ses petits avions Mau-Mau vers les coins les plus inaccessibles des États-Unis, chargés de marijuana, de cocaïne et d'héroïne, récoltant de ce marché des sommes fabuleuses qu'il réinvestit dans des acquisitions immobilières et commerciales. C'est ainsi que Guettaro et Giraldi ont pu se targuer de la qualité de promoteur alors qu'ils ne savent pas faire la distinction entre un sac de plâtre et un sac de blanc d'Espagne. En Argentine, au Brésil, en Bolivie, en Colombie, Mathieu Medioni apparaît comme un bienfaiteur en raison de ses dons aux organisations nécessiteuses, effectués comme il se doit à grand renfort de publicité.

– L'ordure!

Mathieu Medioni a jailli du fauteuil de bois noir, mains crispées sur les têtes de condors qui ornent les accoudoirs. Il est blême. La fureur déforme ses traits. Les yeux ne sont plus qu'une fente sous la broussaille des sourcils. Il arpente la pièce, grattant, sous la chemise à carreaux, son torse velu. Après quelques secondes de silence, la sentence tombe de sa bouche crispée :

– Ça, il va me le payer. Et très cher, encore.

Il s'arrête devant Guettaro qu'il ne quitte pas du regard pour bien mesurer l'effet de ses paroles :

– Tu te rends compte, me faire ça à moi, alors que je l'engraisse depuis des mois et des mois ? Tu veux que je te dise, Pascal ? J'ai toujours pensé que ce Libanais de merde était un faux-cul et qu'il était plus ou moins en cheville avec les poulets qui lui foutaient la paix parce qu'il les arrosait convenablement. Seulement les Narcos ont dû lui tomber dessus. Pour se dédouaner, il a passé un marché avec eux. C'est clair comme de l'eau de roche. Et il a balancé Doumé. Parce que, si tu réfléchis, personne ne savait que la livraison serait faite ce jour-là, à cette heure-là, à cet endroit-là. Personne ! Comment les flics auraient pu être justement au rendez-vous, à cinq bagnoles, si le coup n'avait pas été balancé ?

Pascal Guettaro opine en silence. L'arrestation de Giraldi a mis l'Organisation en difficulté. Il a fallu prendre d'urgence des dispositions dès que Khoury les a alertés de la non-livraison de la marchandise commandée. Depuis, il a eu le temps d'en mesurer les conséquences : des millions de dollars de perte sèche. Il a réalisé aussi que la sécurité de Medioni, la sienne, celle de l'Organisation tout entière dépendait du bon vouloir de Dominique Giraldi. Une confidence aux Narcos et c'en était fini d'une entreprise aux rouages bien huilés, à la rentabilité constante. Jusqu'alors, Doumé s'était conduit en homme. Son mutisme avait passablement indisposé policiers et magistrats qui lui avaient fait payer cher, très cher, son refus de collaborer. Mais lorsque l'avocat Ferrus avait rapporté à ses employeurs le danger que représentaient pour eux les fréquentes visites du Special Agent Sullivan à la prison de San Quentin, Guettaro avait pris sa décision : Dominique devait être réduit au silence, par un moyen ou par un autre. Le premier, imaginé par Ferrus, avait malheureusement échoué. Giraldi était sorti indemne de l'incident de la douche. Il devenait urgent de mettre en œuvre le second plan.

– J'ai réussi à joindre Khoury au téléphone, poursuit Medioni. Ça n'a pas été sans mal, cette crapule doit se douter de quelque chose. Il a beau prétendre qu'il ne s'était aperçu de rien et qu'il n'a reçu aucune visite contrariante, je n'en crois pas un mot. C'est un Oriental qui ment comme il respire. Tu ne me feras pas croire que Dominique a été piqué à quatre cents mètres de chez lui et qu'il ne s'est aperçu de rien, sans blague! Cinq voitures de flics dans un quartier aussi calme, ça se remarque, non?

Medioni arbore un sourire fielleux tout en gardant une immobilité impressionnante. Du corral voisin leur parvient le hennissement d'un cheval. Des gardes armés font le va-et-vient devant la baie du luxueux salon boisé.

– Tu vois, j'ai beau tourner et retourner le problème dans tous les sens, reprend-il, j'en arrive toujours à la même conclusion. Nous étions quatre à connaître la destination de la livraison : toi, moi, Khoury et Doumé. Moi, je me suis écarté, naturellement, comme j'écarte Doumé par la force des choses. Restent toi et le Libanais. Toi, tu t'enlèves pour les mêmes raisons que moi et tu vois qui reste en course, hein?

– Où est l'intérêt de Khoury, Mathieu?

Un rictus balaie la face de Medioni. Il pointe le doigt vers son associé.

– C'est bien ce qui m'a longtemps tracassé, Pascal. Mais je me suis renseigné et j'ai finalement compris pourquoi il avait des raisons de mettre à mal notre organisation. Il connaît nos sources d'approvisionnement dans son pays, à Nahlé, au-dessus de Baalbek, et à Rasm el-Hadet où nous avons un labo. Il sait que la came nous arrive par air via Rome ou Madrid et que nous ravitaillons Miami et San Diego par nos passeurs habituels... Tu me suis?

– Vas-y.

– Ce salopard connaît donc notre filière. Il s'est imaginé qu'il pouvait nous supplanter en balançant Doumé qui pouvait, à son tour, nous dénoncer. Astucieux, non, comme combine? Seulement voilà! Moi aussi j'ai mon système de renseignements. J'ai mis une équipe de surveillance à chacun de ses points de chute. Des hommes, des femmes, sous la coupe de Giuseppe. Et tu le connais, le Napo, c'est un teigneux. Ça m'a coûté cher mais j'ai su ce que je voulais savoir. Khoury est en cheville avec les Chinetoques chez qui il s'approvisionne désormais. Résultat, déjà au moins quatre macchabées par overdose. Non seulement il nous double, mais en plus il met toute la profession en danger en diffusant un vrai poison!

Medioni va se poster devant la baie vitrée, écarte sa chemise à carreaux, se frictionne le torse et s'étire.

Au centre du patio, la fontaine ruisselle de soleil, et là-bas, dans le corral qui jouxte les écuries, un gaucho s'évertue à dresser un cheval dont il a recouvert la tête d'un sac de pommes de terre. L'animal se cabre, saute, se fige, se démène, exécute cabrioles, plongeons et sauts latéraux tandis que son cavalier lui impose son autorité à coups de cravache et d'éperons.

– Tu vois, Pascal, dit Medioni, les mains posées sur son estomac, voilà deux volontés qui s'affrontent. Dans quelques jours, le cheval aura appris à connaître son maître. Comme Khoury.

Il revient vers le centre du salon, se laisse choir sur un fauteuil recouvert de peau de mouton.

– Et Giraldi, demande-t-il. Tu en es où?

Pascal Guettaro hausse une épaule, prend place à son tour sur l'autre fauteuil, devant la table basse encombrée de bouteilles de champagne vides, souvenir d'un réveillon animé.

– Ferrus a raté le coche, dit-il.

Le rugissement de Medioni fait vibrer les coupes de cristal, sur la desserte.

– Comment ça, raté?

– Le Noir aussi a trouvé son maître. Mais ça va s'arranger. Ferrus a donné l'adresse d'Isabel Giraldi à Giuseppe. Elle est à San Francisco.

– San Francisco ou San Rafael?

– San Francisco. Doumé lui a prescrit de se mettre au vert et si elle n'avait pas fait la connerie, d'appeler San Quentin, on n'aurait pas pu la localiser.

– Conclusion?

– On sait donc où elle crèche, un motel minable de Steiner Street, on sait où elle travaille, dans un boui-boui montant de Broadway, il n'y a plus qu'à passer à l'exécution. On la pique, on la met en lieu sûr et on envoie Ferrus à la taule expliquer la situation à Doumé. Soit il bavarde et on ne répond pas de la vie de sa femme, soit il se tait et on peut reprendre les rênes de notre business...

Medioni hoche la tête à plusieurs reprises, pensif.

– A condition de régler rapidement le cas du Libanais, Pascal. Tu vois ce que je veux dire.

Guettaro affiche un sourire de connivence, sort une cigarette de sa poche, prend son temps pour aspirer la flamme d'une énorme allumette.

– C'est comme si c'était fait, Mathieu. J'ai travaillé sur Khoury. Ce que tu ne sais peut-être pas, c'est qu'il est devenu dingue d'une Chinoise de dix-huit ans, qu'il héberge dans un studio de Chinatown. J'ignore ce qu'elle peut lui trouver, à ce gros tas de suif, mais elle doit sûrement le faire casquer dur. Pauvre Khoury... Ça le perdra!

5

San Francisco, 2 janvier.

James Bryce mesure près de deux mètres, doit peser dans les cent quatre-vingts livres et a le sourire accueillant. Ses dents blanches, éblouissantes, illuminent une figure large, aux mâchoires carrées sur le cou puissant. Les muscles saillent sous la veste de tweed beige.

– Heureux de vous revoir! s'exclame-t-il tandis que sa main de joueur de base-ball écrase mes phalanges.

Il esquisse un geste vers une des bergères à oreilles placée devant une table encombrée de dossiers et, comme mon visage exprime la surprise, il enchaîne :

– Vous étiez bien à Los Angeles, avant-hier, pour fêter la nouvelle année, non?

– Exact, dis-je, en me calant contre le dossier du siège.

Il tire de sa poche un paquet de cigarettes, le débarrasse avec lenteur de son étui de cellophane qu'il dépose dans un cendrier rempli de mégots, et se carre dans son fauteuil de Supervisor.

– Moi aussi, j'y étais, mais dans la rotonde du

Dôme, derrière le bar, à la table de Linda Evans. Je vous ai aperçu de loin. C'est tout simple.

Tout simple, en effet. N'empêche que Bryce est un sacré physionomiste. Les salles du célèbre restaurant de West Hollywood regorgeaient d'invités venus enterrer l'année. Tout ce que Beverly Hills compte de célébrités avait répondu présent à l'appel d'Eddie, le sympathique propriétaire de l'établissement. Les Rolls, les Bentley, les limousines-wagons déversaient sur Sunset Boulevard, illuminé comme un sapin de Noël, la plus élégante des foules. Impressionnantes de beauté dans les soies, les taffetas et les satins, les stars suscitaient admiration et envie. Le décolleté des robes révélait des formes généreuses, les parures étincelaient sous les flashes. On se serait cru à une remise des Oscars. Agglutinés de part et d'autre des cordons de velours bleu nuit, les badauds s'extasiaient, commentaient, applaudissaient.

Aux douze coups de minuit, le clignotement des lumières avait donné le signal des effusions. L'orchestre, dissimulé derrière les palmiers enrubannés d'ampoules multicolores, avait attaqué un air de Lambada ; les cris, les vivats et les embrassades allaient grand train au milieu des lancers de serpentins et de confettis qui mouchetaient chevelures et smokings. Une starlette éméchée avait entrepris de jucher sur mon crâne un chapeau haut de forme en carton bouilli noir scintillant de lettres argentées : « Happy New Year ».

– Vous avez vraiment l'œil professionnel, dis-je, émergeant de mon étonnement. Parce que moi, parmi tous ces invités...

Il expédie vers le plafond des volutes bleuâtres et, sans se départir de son sourire :

– Avant d'être affecté ici, j'allais souvent au Dôme. J'ai conservé mon appartement à L.A. où je travaillais sur Wilshire et où ma femme réside toujours en attendant que je lui déniche une maison dans le quartier résidentiel de Russian Hill. Ce n'est pas facile. Dès que je le peux, je fais la navette... L'ami Baker m'a dit que vous êtes un ancien *cop*.

Je m'empresse de rectifier :

– Pas exactement, car je n'ai jamais porté l'uniforme. J'étais inspecteur principal à la Direction des affaires criminelles.

Bryce semble apprécier la nuance :

– En haut de l'échelle, alors ?

– Des inspecteurs, mais pas de la hiérarchie. La nôtre est à l'opposé de la vôtre où l'inspecteur est adjoint au directeur. En France, c'est différent.

Comme pour étayer mon affirmation, je sors de mon portefeuille la carte barrée de tricolore que l'administration m'a délivrée lorsque je l'ai quittée, la tends à Bryce qui y jette un bref coup d'œil avant de me la restituer.

– Si j'en crois Baker, le décès d'une de vos compatriotes motive votre démarche, dit-il en rejetant une nouvelle bouffée de fumée. A quel titre ?

Le ton est toujours aussi aimable, le sourire aussi engageant. Pourtant, je crois déceler dans la prunelle acier une lueur de réticence.

– Violaine était la fille d'amis qui souhaitent connaître les circonstances de sa disparition. Ils m'ont demandé d'intervenir auprès des autorités, désirant savoir qui lui a procuré la drogue mortelle et comment ils pourraient s'y prendre pour intenter une action en justice...

James Bryce écrase sa cigarette dans le cendrier.

– Si je le savais moi-même, soupire-t-il, soudain sérieux. Mes collègues de la DEA et ceux de la Division Homicides de Frisco aimeraient bien le savoir eux aussi ! Jusqu'alors, cinq jeunes gens, trois filles et deux garçons, ont payé de leur vie leur accoutumance à la drogue. Les conclusions des experts, après autopsies, sont toutes identiques : décès par overdose de « rose ».

Je demeure là, à le dévisager dans un silence que trouble seulement le bruit de la circulation sur Golden Gate Avenue. Au loin, le soleil rouge sang s'enfonce lentement dans le Pacifique, découpant en ombre chinoise la coupole géante du City Hall, le siège de l'administration municipale, au cœur du Civic Center.

– Je connaissais la blanche, mais la rose...

– C'est de l'héroïne frelatée d'origine asiatique, coupée de lactose et corsée à la strychnine. Donc de mauvaise qualité. A la suite de l'arrestation d'un des leurs, il y a quelques mois, à San Diego, les pourvoyeurs de blanche ont brutalement stoppé leurs livraisons. Trente-deux kilos saisis, ce n'est pas rien ! Ils attendent, prudents, d'en savoir davantage sur nos opérations en cours. L'approvisionnement ne s'est pas arrêté pour autant. La demande dépassant l'offre, il leur a fallu trouver un produit de remplacement et la rose importée d'Extrême-Orient a fait son apparition sur une grande échelle. Nous avons intercepté quelques dealers mais les maillons de la chaîne sont si nombreux qu'il faudra beaucoup de temps et de patience pour remonter aux grossistes.

James Bryce décroise les jambes, se lève, contourne le bureau, effleurant au passage la soie du drapeau étoilé dressé sur sa hampe, dans l'angle de la pièce. Puis il vient se planter devant moi.

– A Frisco, la colonie chinoise est importante, la plus importante du monde, d'ailleurs. La pénétrer relève de la gageure. Si le Français arrêté à San Diego avait voulu parler, nous aurions pu faire un bond en avant dans la filière de la blanche. Mais rien à faire. Un mur. Il a tellement écœuré Sullivan, un de mes agents, que j'ai décidé d'annuler ses visites au pénitencier de San Quentin.

Je laisse passer quelques secondes avant de demander :

– Un trafiquant français, disiez-vous?

– Un Corse. Domicilié au Brésil et trouvé porteur de papiers mexicains au nom de Buttafoco.

Le nom me fait sursauter. Instantanément, le visage d'un certain Antoine Buttafoco revient à ma mémoire. Je ne l'avais connu que par les archives mais je savais que c'était un insulaire qui avait pris le maquis à la suite d'une vendetta. On ne l'avait jamais retrouvé.

Par un bel après-midi de septembre, la chance m'avait souri. Un de ses amis, Orsetti, recherché lui aussi, était tombé par hasard entre mes mains. Bien que vidé de son contenu, son portefeuille faisait entendre un froissement suspect. J'avais découpé au rasoir la doublure et un papier portant un prénom et une adresse : Antoine, Bitterrott Ranch, Dubois, Wyoming, m'était apparu. Je jubilais. Comme Orsetti était surtout l'ami et le confident d'Antoine Sinibaldi, que toutes les polices rêvaient d'appréhender, je pensais qu'il s'agissait de celui-ci. Vingt-quatre heures plus tard, le shérif de Dubois, tout heureux, m'informait enfin de l'arrestation d'Antoine, non pas Sinibaldi mais d'un certain Buttafoco, caché au ranch depuis plus de huit ans. J'en étais presque arrivé à regretter ma méprise.

– J'ai connu un homme de ce nom, dis-je. Quel âge a-t-il?

– Quarante-deux ans. Buttafoco est une fausse identité. Il s'appelle Giraldi, en réalité. Ses empreintes l'ont trahi.

Le patronyme n'éveille en moi aucun souvenir.

– Et il ne veut pas parler?

– Non. Nous espérions faire pression sur sa femme pour l'amener à composition mais elle a disparu de Copacabana, au Brésil, où elle habitait. Un de nos agents enquête actuellement là-bas, sans succès jusqu'alors. Les lettres et les colis qu'elle lui adressait ne portaient pas d'adresse d'expéditeur. Nous avons mis le téléphone de son avocat sur table d'écoute. On verra bien. Voilà pourquoi je vous disais que, nous aussi, nous nageons pour le moment. La jeune Violaine était vraisemblablement une droguée de longue date et notre seule chance est d'obtenir des informations sur le campus de Berkeley.

James Bryce consulte sa montre, me faisant ainsi comprendre que l'entrevue que j'ai sollicitée est terminée. Je me lève à regret car, à part l'appellation de la « rose », je n'ai pas appris grand-chose.

Un vigoureux *shake-hand* clôt notre entretien sur le seuil de la porte capitonnée :

– J'ai vos coordonnées, dit Bryce, en sortant de son étui une nouvelle cigarette. Si j'ai quelque chose de nouveau, je vous passe un coup de fil. Et j'avise aussi Richard Baker. Comptez sur moi.

Je le remercie d'un sourire tout en élaborant un plan d'action. Puisque je suis à San Francisco, pourquoi ne ferais-je pas un saut à Berkeley demain matin? Violaine Sénéchal devait bien y avoir une amie, non? Ou un petit ami? A son âge, ce serait dans la nature des choses.

Chaque aventure policière dans une ville étrangère commence par l'épineuse recherche de l'hôtel. Au cours de mes années de flicaille j'ai pris l'habitude de me diriger au radar dans ces circonstances et je ne tarde pas à trouver ce qu'il me faut, en plein cœur de Nob Hill, où sont installés les plus célèbres hôtels de San Francisco. Le Fairmont, sur Mason Street, m'offre son *lobby* grandiose et il a l'avantage de posséder à son dernier étage un restaurant panoramique. Si seulement j'avais la chance que le réceptionniste m'octroie une chambre sur la baie!

Je l'ai. La suite 777 est vacante. Trois fois mon chiffre porte-bonheur. Elle est au septième étage, avec un prix défiant toute concurrence, dans le mauvais sens du terme. Tant pis, au diable l'avarice. Le chasseur, aussi agile que squelettique, m'entraîne vers l'ascenseur, étonné que je sois sans bagage. Je suis son uniforme le long d'un couloir tapissé de photographies illustrant le tremblement de terre de 1906. Il m'ouvre la porte avec une clé lestée d'une énorme plaque de bronze, sépare les doubles rideaux, se plie, la main sur l'estomac, lorsque je glisse dans sa poche un billet de cinq dollars.

J'ouvre la fenêtre. En tendant le cou, je vois au loin, par-delà l'animation des avenues, un peu du gris de l'océan, les illuminations vertes et rouges de Chinatown et, sur Oakland Bay Bridge, la suite ininterrompue des feux rouges des voitures qui gagnent l'autre rive. Je me penche. La façade du Mark Hopkins Hotel où fut arrêté Antoine Sinibaldi lors de la visite de Khrouchtchev, le petit père des Peuples, est vraiment à portée de main [1].

Dans le tiroir de la table de nuit, je découvre une Bible et un plan de la ville, placés gracieusement à la disposition des voyageurs. Je me mets à étudier la topographie des lieux. Je constate qu'on peut se rendre à Berkeley en taxi, pas loin du tout.

J'irai voir ça demain.

1. Voir *Gendarmes et voleurs*, Presses de la Cité.

6

San Francisco, 2 janvier.

A mesure que le soleil s'enfonce dans les eaux du Pacifique, au-delà de l'île d'Alcatraz, le pénitencier autrefois si redouté des candidats à l'évasion, le ciel de Chinatown rougeoie. C'est son heure. C'est son rite.

Comme tous les vrais villages, Chinatown est une personne autant qu'un lieu. Une communauté chinoise, la plus grande en dehors de l'Asie, un carrefour, un rond-point. Mais d'abord un quartier de San Francisco avec ses temples et ses marchés, ses toits en forme de pagode, ses réverbères où s'entrelacent des dragons, ses habitants vêtus à l'ancienne mode cantonnaise. En même temps, Chinatown est un village, très spécial avec son impressionnante porte d'entrée principale près de Bush Street, décorée d'un dragon symbolique, ses magasins de souvenirs au long de Grant Avenue, ses marchands de volailles dont les alignements de canards laqués, au plafond de l'échoppe, font lever le nez aux badauds, ses herboristeries au parfum de jasmin, ses pâtisseries et ses restaurants aux enseignes couvertes d'idéogrammes verts ou écarlates. Chinatown, la nuit, devient un aggloméat de bars aux discrètes arrière-salles enfumées d'opium, de salons de massages à la thérapeutique particulière, un dédale de voies sombres où certains comptes se règlent à coups de stylet.

Chinatown, ce n'est ni Pékin, ni Changhaï, ni Canton, bien sûr. Pourtant Ralph Khoury qui, pour quelques heures, a abandonné sa Rolls métallisée argent et son chauffeur-gorille sur Pine Street, à l'angle de Powell, y retrouve l'Asie. Il traverse Mary's Square sans prêter attention à la statue de Sun Yat-sen, joue des coudes au milieu d'une foule qui célèbre le Nouvel An et acclame sa Reine dans un tintamarre de pétards et d'illuminations de feux de Bengale. Le Libanais s'immobilise devant l'enseigne du Lotus, un restaurant installé en face de la China Station Post Office où la mémoire des standardistes supplée la défaillance de l'annuaire puisque l'alphabet chinois n'existe pas.

Le premier étage du restaurant est entièrement laqué de rouge, la couleur symbolique du bonheur. Les serveuses en mini-jupe qui y déambulent silencieusement rappellent à Khoury les jeunes filles qu'il a rencontrées lors de ses voyages au pays du Soleil Levant : l'harmonie des attitudes, le même visage couleur d'ambre clair, la même chevelure noire étincelante, les mêmes tuniques de soie ajustées sur le buste. Lui qui n'a jamais pu supporter la présence d'une femme s'est soudain découvert une passion inattendue pour Moo Chong, une demoiselle de petite vertu qui, un soir de novembre, faisait les cent pas devant le Chinese Theater. Elle semblait si fragile, si mince dans son kimono de soie qui révélait des formes graciles, qu'il n'avait pu se défendre d'un sentiment de pitié. D'envie, aussi, pour les cheveux noirs qui encadraient un délicat visage d'enfant égaré, descendaient jusqu'à la taille, et auraient suffi à la vêtir. Un véritable coup de foudre pour cette gamine de dix-huit ans qu'il avait installée dans un de ses studios du Victory Building, à l'angle de Stockton. Deux fois par semaine, débarrassé de ses encombrants gorilles, Khoury lui rend visite, utilisant l'ascenseur-express qui le dépose au vingt-troisième étage de l'immeuble, sur le palier qu'il a pris l'habitude de fleurir de grands lys. Tout à l'heure, comme chaque mardi et chaque vendredi, il retrouvera Moo étendue sur le canapé, sa courte chemise de nuit retroussée sur le ventre, les jambes croisées, dans la pose aguichante qu'il affectionne.

A cinquante ans, Nam Yuen, le propriétaire du Lotus, en paraît trente avec ses joues lisses comme de l'ivoire, sur lesquelles le temps ne semble pas avoir d'effet. A Canton, dont il est originaire, il s'était lancé dans des spéculations plus illicites les unes que les autres. A San Francisco, son activité d'affairiste se poursuit sous le couvert d'un restaurant dont on peut dire qu'il est un des plus prisés du quartier. Nam Yuen entretient des relations avec les banques de Hong-Kong, paradis du trafic, fourmilière où se sont réfugiés des milliers d'émigrés venus de Chine continentale et du Vietnam. La tour de Babel qu'est Hong-Kong, carrefour de tous les océans, au seuil de la Chine communiste, Nam Yuen la connaît comme sa poche! Comme il connaît ses grandes affaires et ses petits métiers, les misères de chaque faubourg, de chaque ruelle, les rapports entre les Blancs et les Jaunes, et surtout la corruption des policiers et des gardes-côtes, des compatriotes pour la plupart.

Nam Yuen se lève pour accueillir son visiteur, courbe sa petite taille à trois reprises, par déférence :

– Bienvenue au Lotus, dit-il en désignant le salon privé, à l'extrémité de la grande salle. Si vous voulez me suivre...

Il précède le Libanais, tire une chaise, s'y laisse choir. Ralph Khoury remercie d'un mouvement de menton, s'assied à son tour. Il jette un coup d'œil circulaire et semble satisfait de l'endroit retiré que le maître des lieux a choisi. Le plafond à caissons en bois de rose, les panneaux en verre peint, le paravent où se déploient des scènes de la mythologie chinoise et les crachoirs de cuivre font du Lotus un des établissements typiques du quartier chinois.

– Où en est-on? demande-t-il brusquement, la mine soucieuse. Mes clients commencent à s'impatienter.

Il observe les yeux bridés de Nam Yuen, tout plissés de malice.

– Tout va pour le mieux, Ralph. La marchandise a quitté Hong-Kong. Elle sera là dans deux jours. Avec l'armée thaïlandaise qui effectue descente sur descente dans le Triangle d'Or, ça n'a pas été facile de la faire transiter. Heureusement, je vais bientôt opérer autrement...

– C'est-à-dire? interroge Khoury, l'oreille dressée.

Un sourire voltige sur les lèvres minces du Chinois.

– J'installe un labo entre Canton et Kieou-Kiang, à quelques encâblures de Hong-Kong. Le gouvernement chinois autorise désormais la culture du pavot et l'exportation de l'héroïne pour remplir ses caisses. Je raffinerai donc en Chine, ce qui évitera des frictions avec les Thaïlandais trop à la botte des Ricains. Et ça économisera des frais de transport.

A nouveau, les yeux de Khoury scrutent le masque rusé de cette vieille crapule de Nam Yuen, officiellement restaurateur, officieusement un des plus gros importateurs d'héroïne des USA.

Après l'arrestation de Giraldi et la mise hors-circuit des Corses, Nam Yuen lui avait momentanément fourni de la rose, une mixture de qualité médiocre, mais qu'importait ! Le principal n'était-il pas de satisfaire une clientèle avide de sensations tout en réalisant de substantiels bénéfices, la rose étant nettement moins chère que la blanche franco-libanaise de Medioni ?

Sans doute, quelques insatiables avaient payé de leur vie leur besoin incessant de stupéfiants. Des jeunes gens, surtout. Ces inconvénients allaient bientôt disparaître avec la production plus saine de Nam Yuen.

Khoury abandonne ses réflexions pour demander :

– Vous êtes certain de vos hommes ?

L'œil de Nam Yuen pétille de plaisir tandis qu'une jeune fille présente deux serviettes chaudes destinées à se laver le visage et les mains. Elle adresse un sourire à Khoury en même temps qu'elle dépose sur la table les jeux de baguettes, les tasses et une théière d'où s'exhale un parfum de jasmin. Quand elle s'est éloignée, Nam Yuen reprend :

– Si j'en suis certain? Je m'en porte garant, Ralph, à cent pour cent. Mon affaire tourne sans anicroche depuis des années et ce n'est pas avec moi que le manque à gagner que vous avez connu arrivera...

Ralph Khoury garde le silence. Posséder un laboratoire est une chose, encore faut-il bénéficier de l'assistance et des connaissances d'un chimiste capable de transformer la morphine-base en héroïne de bonne qualité, celle à laquelle sa clientèle d'Hollywood est habituée depuis des années. Seul un professionnel peut réussir l'opération, un homme d'expérience comme celui qu'utilise Medioni. Si seulement il pouvait connaître son nom, lui demander de venir en Chine, moyennant une forte indemnité! Un homme de l'art, ça se paie cher. En augmentant légèrement le prix de la dose, il y aurait moyen de s'y retrouver...

– Parfait, dit le Libanais en consultant la carte. En attendant, je vous laisse le soin de faire transiter la marchandise jusqu'à mes dépôts. Au prix que je la paie, c'est un peu normal, n'est-ce pas?

Ralph Khoury se sent en forme. Il a aimé les amuse-gueule, les *dim-sum*, que les jeunes serveuses lui ont servis sur des tables roulantes, prisé le poulet rôti au miel et à l'ananas, mais il a surtout apprécié la peau veloutée des cuisses fermes que dévoilaient leurs jupes habilement fendues.

Le machiavélique Nam Yuen lui a donné un avis

d'homme sage et expérimenté. Il a raison. La route atlantique de l'héroïne, à destination des États-Unis via l'Amérique du Sud, devient de plus en plus périlleuse en raison de l'action de la DEA américaine. Les Narcos ont même obtenu des Turcs qu'ils abandonnent la culture du pavot. La production libano-syrienne, elle aussi, peut devenir dangereuse, puisque le lobby juif américain, hostile aux Syriens, soutient Israël dans le Liban occupé. En revanche, la Chine regorge du précieux pavot d'où l'on tire l'opium. Un ou plusieurs labos dans la région désertique de Canton, une tête de pont à Hong-Kong ou dans l'une des deux cent trente-cinq îles des Nouveaux Territoires permettraient de transformer la morphine-base en héroïne avant de l'expédier aux États-Unis par la route du Pacifique. Les sentiers de montagne et les innombrables sampans qui sillonnent chaque jour les eaux de la colonie britannique se jouent de la frontière. Et les anciens soldats de Tchang Kaï-chek ne demandent qu'une prime misérable pour jouer les passeurs.

Ralph Khoury presse le pas. Il a hâte de retrouver la chambre feutrée de Moo Chong. Le dîner au Lotus a été un peu plus long que prévu et Khoury déteste l'inexactitude. Les bruits de la fête, l'odeur suave de l'encens, les détonations de pétards l'accompagnent jusqu'à Portsmouth Square. Il croise des Chinois en costume traditionnel, évite l'imposant défilé de dragons qui serpente sur Commercial Street, longe d'étroites façades où s'accrochent des lanternes bigarrées aux flammes vacillantes. Entre deux nuages, les rayons de lune nimbent le building pyramidal de la Transamerica d'un halo laiteux.

Enfin l'immeuble où il a construit son nid d'amour. Khoury se prend à sourire. Pour une fois, la vie lui semble agréable. La conversation avec Nam Yuen l'a dopé, et il se sent pleinement satisfait. Là-haut, l'attendent un havre, un lit, une jeune femme soumise prête à lui prodiguer ses caresses favorites. Une Moo Chong qu'il a tirée du ruisseau et qui lui prouve sa reconnaissance à chacune de ses visites. Qui ne parle jamais d'affaires, ne pose jamais de questions sur ses incessants déplacements, sur ses autres aventures amoureuses.

Ralph farfouille dans la poche de son pardessus, en extirpe la clef qu'il introduit dans la serrure. Il s'apprête à refermer la porte sans accorder la moindre attention au petit homme qui se présente en même temps que lui sur le seuil de l'immeuble. Il ne peut savoir qu'il a fallu au Mexicain Jésus Rubio des semaines et des semaines de patience, de filatures discrètes, de démarches astucieuses et de déguisements pour localiser le point de chute du Libanais.

Quand il appuie sur le bouton de la minuterie pour éclairer le hall, Ralph Khoury se détourne pour vérifier si la porte dont il n'a pas capté le déclic s'est bien refermée. Ses yeux se posent sur une frêle silhouette au visage simiesque. Tout à ses pensées lubriques, il répond d'un sourire bienveillant aux mimiques de l'inconnu qui le laisse pénétrer le premier dans l'ascenseur. Machinalement, il s'apprête à poser l'index sur le voyant lumineux du vingt-troisième étage, lorsqu'un geste du petit homme l'arrête net.

7

San Francisco, 2 janvier.

Khoury est à bout. Il a résisté jusqu'alors mais il sait que la résistance humaine a des limites. Ses gémissements seraient insupportables à tout autre qu'à Giuseppe Foata, mais le Napolitain en a entendu tant et tant d'autres depuis qu'il a découvert les méthodes de la Camorra et adopté la tactique de la souffrance, qu'il est depuis longtemps imperméable aux lamentations nées de la lente et implacable progression de la douleur. Il sait qu'elle ne manque jamais son but.

Foata a souvent eu l'occasion de mettre en pratique, sur des dealers qui n'avaient pas su jouer le jeu, quelques échantillons de tortures efficaces. On ne tente pas impunément de doubler ses bénéfices en ajoutant de la farine aux échantillons de poudre blanche. Même dans la marginalité, il y a une morale à respecter. A chaque manquement, les lames de rasoir ont découpé des mamelons de seins, des ongles ont cédé sous la pression des tenailles et l'océan s'est refermé sur de vieux réfrigérateurs où des corps recroquevillés avaient été tassés.

Foata n'a pas lésiné sur les moyens pour arracher les aveux du Libanais, dont les sphincters se sont relâchés dès qu'il s'est trouvé enchaîné sur la table du garage. Il se balance sur sa chaise de camping, tirant de lentes bouffées de son cigarillo dont la cendre s'est répandue sur son genou droit.

Tout tourne dans la tête de Khoury. Seuls reviennent, comme un signal d'alarme lancinant, les propos de Nam Yuen : « Vous êtes sûr qu'il n'y a pas risques de représailles de la part de Medioni ? » La voix nasillarde du Chinois, son rictus énigmatique, l'avaient mis mal à l'aise. En quittant le restaurant, il avait pris les précautions d'usage. Il avait inspecté, méfiant, les environs. Tout paraissait normal. Il avait dépassé Portsmouth Square, atteint le building de Moo Chong sans que rien de particulier ait suscité en lui une appréhension quelconque. Dans le hall, au pied de l'ascenseur, ses yeux n'avaient rencontré que le sourire bienveillant d'un gnome qui s'était effacé devant lui. Puis plus rien. Un coup violent. Une douleur dans le crâne. Le trou noir. Quand il s'est réveillé, il était ligoté sur une table, dans un lieu inconnu encombré d'outils, d'échelles, de fûts d'huile et de pièces détachées de voitures automobiles.

La voix de Foata s'élève, martelant les menaces.

– Si tu tiens à ta gueule de porc, il faut me dire tout ce que tu sais, et vite. Sinon, je ne réponds de rien. Qui a donné aux Narcos les tuyaux pour piquer notre ami ?

Khoury serre les dents. Il sent le souffle rauque du nain qui se tient près de lui, le nabot qui lui avait souri dans le hall de Moo Chong. La lampe à souder qu'il tient à la main fait briller une flamme dansante dans sa pupille. L'homme attend le signal.

Khoury s'efforce de contrôler le tremblement de sa voix :

– Je ne comprends pas ce que vous voulez dire.

Un ricanement bref lui répond.

– Je croyais que la religion empêchait les musulmans de mentir...

Khoury fait front.

– Je ne mens pas. Pourquoi aurais-je fait arrêter Buttafoco? Ce n'était pas mon intérêt.

– Ton intérêt, dit Foata cinglant, c'était de nous éliminer du circuit pour en prendre les rênes. Tu étais le seul à connaître le jour et l'heure de la livraison. Les flics ne sont pas des fakirs et, curieusement, ils étaient au rendez-vous, à quelques centaines de mètres de chez toi. Bizarre, non?

– Je vous assure que je ne comprends pas, répète Khoury dans un souffle. Je n'avais aucune intention de vous éliminer! Ç'aurait été perdre la source de mes revenus.

– Et si c'était pour travailler avec cette canaille de Chinetoque chez qui tu étais encore tout à l'heure, hein? On le connaît, le Nam Yuen! On sait ce qu'il vaut! Comme on connaît la saloperie de rose qu'il distribue et qui met les flics en rogne à cause des dégâts qu'elle fait. Que cette concurrence déloyale fasse du tort à la profession, toi tu t'en fous, pas vrai?

– Je n'y suis pour rien...

– Tu en es sûr? Faut qu'on te chauffe un peu le pied gauche pour te délier la langue?

Comme s'il n'attendait que cet instant, le Mexicain s'approche de la table, augmente la puissance de la flamme, la promène sur la voûte plantaire avec un sourire démoniaque. Un hurlement couvre le grésillement de la chair.

– Alors? questionne Giuseppe.

La douleur est atroce. Le cri a cessé mais la bouche de Khoury reste béante, déformée. Ses tempes ruissellent.

– Alors? répète Foata.

– Vous me martyrisez pour rien, murmure le Libanais, je ne comprends pas...

– Et moi, persiste Giuseppe, je comprends que le coup de matraque que tu as reçu t'a fait perdre la mémoire. Jésus, une autre petite giclée si tu veux bien.

Khoury, les mâchoires contractées, tente de protéger ses pieds, de soulever les jambes, d'échapper à la morsure du feu. Ses efforts sont vains. Les deux hommes ont trop serré les liens.

A nouveau, la douleur secoue son corps. Il perçoit vaguement dans un bourdonnement la voix déformée de l'Italien.

– Je ne suis pas un mauvais bougre, je vais t'aider un peu. Tu n'auras qu'à secouer la tête si je mens. Voilà : tu as passé un marché avec les flics pour qu'ils te fichent la paix. En échange, tu leur as donné notre ami. Dis-moi que c'est ça! Et que ça t'a fait récupérer un bon paquet de fric...

Khoury garde le silence. Foata, les lèvres pincées, ravalant sa rage, affecte le plus grand calme.

– Comme tu veux. On va passer au pied droit pour qu'il n'y ait pas de jaloux. Jésus, un peu plus de pression, s'il te plaît. Si ça ne suffit pas, on montera aux couilles du monsieur. Il paraît que ça leur fait du bien, quand on les réchauffe...

La flamme a changé de direction. Khoury, les yeux exorbités, sent se rapprocher la brûlure. Non, il ne pourra pas supporter la douleur plus longtemps. Il lui faut avouer, n'importe quoi, mais avouer.

– Arrêtez! hurle-t-il dans un ultime sursaut. Je vais vous expliquer.

Il s'arrête tandis que le triomphe illumine l'œil de Foata.

– Vas-y.

– C'est Nam Yuen qui a tout imaginé... L'arrestation de Giraldi, je n'y suis pour rien, je vous jure. Nam Yuen m'a proposé de travailler avec lui mais je ne voulais pas vous porter préjudice. Je suis régulier, vous devez le savoir...

– Travailler à quoi?

– Il doit monter un labo en Chine et importer de la marchandise à moindre prix. Voilà ce qu'il m'a dit. J'ai refusé. Je préfère être avec vous.

– C'est bien ce que je pensais, ironise Giuseppe. Et c'est parce que tu nous préfères que tu distribues sa saleté de rose un peu partout en Californie, c'est ça? Je sais ce qu'elle vaut sa poudre. Il te l'a fait goûter, à toi?

Khoury a du mal à remuer ses pieds boursouflés de cloques. Il secoue négativement la tête :

– Délivrez-moi, j'ai mal.

– Mais non, c'est une idée...

La flamme lèche à nouveau les voûtes plantaires de Khoury, qui s'étrangle dans un hurlement. Sa bouche s'ouvre démesurément. Alors d'un geste rapide Foata vide au fond de la gorge le contenu d'un paquet de poudre cristalline, puis de ses mains en étau bloque les mâchoires.

– Vas-y, goûtes-y à ta bonne rose, petit père, ricane-t-il. Tu pourras dire à ton Chinois si sa camelote est bonne ou non.

Khoury lutte contre la déglutition. Il sait que la dose qu'il vient d'ingurgiter est mortelle. Mais il n'a pas vu le pistolet équipé d'un silencieux quitter la poche de Foata. La balle lui fracasse la tempe, à bout portant. Il tressaute sous les liens. Longuement.

– Maintenant, va falloir aller s'occuper du Chinetoque, dit Jésus en éteignant la lampe à souder. Le temps de saigner celui-là et de le découper, je suis ton homme. Il y a aussi la môme de Khoury qui doit s'impatienter. Faudrait peut-être lui rendre une petite visite à elle aussi !

Deuxième partie

L'ENLÈVEMENT

8

San Francisco, 3 janvier.

Au volant de la Chevrolet de police blanche à bandes latérales noires, l'agent Primley observe la chaussée glissante. L'humeur de son chef de patrouille ne s'améliore pas. Depuis qu'ils ont quitté le Central, le massif Willy Teichner maudit le sort qui a désigné son équipe pour remplacer celle de son collègue Levine, tombé subitement malade.

– Il n'y a que ce con de Franklin pour croire un truc pareil, Primley! Une maladie pendant les fêtes, c'est forcément bidon! Tu crois pas qu'on serait mieux, nous aussi, à nous occuper des nichons de nos femmes?

– Si, chef.

– Si, chef. Si, chef... Qu'est-ce que tu en sais? Tu n'es pas marié!

– Je disais ça comme ça.

– Oui, eh bien regarde la route au lieu de dire des conneries.

Teichner hausse les épaules comme s'il venait de donner une leçon à un enfant demeuré. Puis, selon l'habitude qu'il a prise depuis que la pelade a ravagé une partie de son cuir chevelu, il soulève sa perruque et se met à gratter avec application une calvitie constellée de taches de rousseur.

Dès les premiers jours de son engagement dans la police de San Francisco, quelque six mois plus tôt, l'agent Primley a dû supporter l'irascibilité et la vulgarité du sergent que le tirage au sort lui a désigné pour équipier. Dick Primley, d'apparence fragile, avec un nez minuscule et des yeux qui, sous l'épaisse chevelure noire, brillent dans un visage aux traits fins, est tout le contraire de Teichner, la brute aux sourcils roux, aux pommettes saillantes, à la respiration en soufflet de forge, de vingt-trois ans son aîné.

Le sergent rajuste sa perruque et sa casquette, se tasse sur son siège avant d'émettre une série de borborygmes.

– Ce putain de foie gras qui me brûle le ventre depuis deux jours! Je te jure, les réveillons en famille! Tu sais où on va, Primley?

– Oui, chef. Vous m'avez dit Steiner Street, alors je prends par Haye St. et je vous laisse au coin...

Teichner se redresse. Les ressorts gémissent.

– Comment ça, tu me laisses au coin?

– Vous savez bien qu'on n'a pas le droit de sortir du secteur de notre commissariat. Le lieutenant Franklin nous l'a appris au cours et nous le redit à chaque fois. Sauf en cas d'ordre supérieur, on ne...

– Agent Primley, l'ordre c'est moi qui vous le donne, vous m'entendez? Et votre lieutenant, je l'emmerde. Il peut bien jouer les grands seigneurs depuis qu'il a sa barrette, mais il y a pas si longtemps, ce connard se tapait les rondes de nuit, comme tout le monde, à Los Angeles! Dis voir, petit, tu sais comment on l'appelait, à L.A., ton lieutenant Franklin?

Prudent, Dick Primley se garde de répondre.

– Mais si, petit, tu le sais, insiste Teichner. Dis-le pour voir. Pumpkin! Le Potiron! Le lieutenant Pumpkin, le roi de la police de San Francisco était le potiron du LAPD, le Los Angeles Police Department, avant sa mutation à Frisco. Laisse-moi rigoler : s'il n'avait pas fait du lèche-bottes au Deputy Chief, à l'Assistant Chief et au Director, il y serait toujours, à L.A.. Et il ne nous emmerderait pas avec ses consignes à la con. J'ai dit : exécution, Primley. Et quand je dis exécution, il faut s'exécuter!

Dick Primley obéit. Agent discipliné, il répugne à enfreindre les ordres, mais Teichner est son chef de patrouille. Si par malheur la voiture du lieutenant Franklin surgissait, ce serait à lui de justifier leur présence dans un secteur interdit.

– Qu'est-ce que t'as à traîner comme ça, Primley?

– Je ne traîne pas, chef. Je fais attention aux carrefours. Au Traffic-school, on nous a dit qu'il fallait aborder les croisements avec précaution.

– On a priorité, Primley, fonce! Je n'en aurai pas pour longtemps au Comedia Palace. Si ma copine a demandé à me voir, c'est pour raison de service. Donc, pas de problème. Je ne vois pas ce que ce gros pédé de Pumpkin irait trouver à redire, lui qui se fait mousser auprès du commandant chaque fois que je lui apporte une information! Dis voir, tu ne serais pas pédé, toi, des fois?

Primley manque de lâcher le volant.

– Qu'est-ce qui vous fait dire ça?

– Tes manières, mon vieux. Et puis on ne te voit jamais avec une nana. Au Vietnam, t'aurais pas été long à passer à la casserole.

Abasourdi, Primley secoue la tête, balbutiant nerveusement :

– Avec tout le respect que je vous dois, chef, j'aimerais que vous ne vous occupiez pas de ma vie privée. Je compte me marier bientôt à Fort-Ross, dont ma future belle-famille est originaire... On est sur Steiner, qu'est-ce que je fais?

– Tu te gares devant le motel à gauche, juste après le panneau publicitaire Toyota. Tu coupes le contact et surtout tu laisses ton gyrophare comme il est, au point mort.

– Si une voiture de l'arrondissement fait sa ronde, qu'est-ce que je leur dis?

– Tu ne dis rien, pour la bonne raison que tu vas venir voir ma copine avec moi. Une coqueluche des planches sur le retour que je sautais dans le temps. On va lui demander de nous faire un thé bien arrosé, ça nous réchauffera les couilles.

Les bigoudis bleus et roses de la maîtresse du Comedia Palace, l'échancrure du peignoir qui ne dissimule rien d'une cascade de chair molle, les mules à semelles compensées et pompons mauves sous les pieds d'une blancheur laiteuse composent l'un des plus parfaits tableaux de la théâtreuse en rupture de scène qu'il ait été donné à Primley de contempler. Coincé dans un fauteuil à bascule, un matou sur les genoux, une tasse de thé brûlant dans la main, il subit, muet, un flot de paroles que les mimiques de lassitude de Teichner n'arrivent pas à endiguer.

– Tu sais bien que c'est pas à moi qu'il faut la faire, Willy! Dès que je l'ai vue, la môme, j'ai tout de suite compris que quelque chose clochait.

Le temps de sortir de sa poche un mouchoir de batiste, de le caler dans le ravin de la poitrine, et le discours tourbillonne de plus belle :

– Faut te dire que pour un beau brin de fille, c'est un beau brin de fille. Alors j'ai pensé : « Comment que ça se fait qu'une beauté comme ça qui aurait pu être Miss je ne sais quoi, débarque chez moi un matin de Noël, toute seule, avec deux valises? » Des valises chic, avec des initiales gravées... Je me suis dit que son jules l'avait laissée tomber, ou alors qu'elle s'était tirée. T'aurais vu ça comme moi, pas vrai? Donc, comme je suis une sentimentale et qu'elle me faisait pitié, je la loge. Vu qu'elle n'avait pas l'air d'avoir beaucoup de moyens, je la colle à la 18, ma préférée... La même chambre que les autres, mais sans télé. Remarque qu'elle ne semblait pas avoir beaucoup envie de la regarder, la télé, quoiqu'elle avait l'air intéressé quand je lui ai parlé de mon succès de San Diego. Je ne sais pas si je te l'ai raconté, mais c'était fabuleux. Toutes les huiles de la Justice étaient là...

– Oui, je sais... Tu ne peux pas abréger?

Teichner repose sa tasse vide sur le marbre fêlé d'un guéridon chinois, ajoute :

– Tu m'as téléphoné pour quoi, au juste?

Gloria Simpsons, coupée dans sa péroraison, demeure figée sur une chaise visiblement trop étroite pour elle. La pause n'est que de courte durée :

– Abréger, abréger... Tu es drôle, toi ! Il faut bien que je commence par le commencement ! Si mon histoire ne t'intéresse pas, faut le dire...

Teichner n'insiste pas. Il empoigne la bouteille de rhum, emplit à demi sa tasse, ingurgite l'alcool d'un trait, fait claquer sa langue, et soupire :

– Mais si, elle m'intéresse ! L'ennui, c'est qu'on n'a pas le temps de t'écouter.

Le haussement d'une épaule fait glisser la robe de chambre.

– Toi, c'est pas difficile, tu n'as jamais le temps ! En amour c'était pareil. T'avais pas encore dégainé que c'était déjà parti...

– Gloria !

– Et alors ? Tu crois qu'il est encore puceau, ton équipier, avec la gueule qu'il a ?

Primley, gêné, se demande ce qui a pu jadis rapprocher deux êtres aussi grossiers, si ce n'est leur vulgarité. Il n'a qu'une envie, regagner la voiture de police où les appels du Central doivent se succéder sans réponse.

– Puisque tu es si pressé, je vais te dire pourquoi je t'ai fait venir. Je te signale en passant que ça fait plus d'une semaine que je t'ai appelé. Encore une chance que j'aie pu te tomber dessus ce matin. Je ne sais pas comment tu t'arranges, mais quand on veut te toucher tu n'es jamais là... Bref, la môme a essayé de passer un coup de fil, l'autre matin...

– Et alors ? grogne Teichner.

La logeuse du Comedia Palace esquisse un sourire avant de minauder, sûre de son coup :

– Quand tu sauras où elle a appelé, tu trouveras ça peut-être plus drôle...

– Peut-être. Alors ?

– Elle a téléphoné au pénitencier de San Quentin.

Teichner se redresse, échange un bref regard avec l'agent Primley.

– Je ne vois pas ce que ça a d'extraordinaire! Son mec est peut-être gardien de prison!

Gloria Simpsons affiche un sourire entendu.

– Ça m'étonnerait, vu qu'elle a pas pu lui parler et qu'elle a été obligée de laisser un message.

– Parce qu'il était occupé, tiens! En promenade ou dans les ateliers...

– Tu parles! Ils lui ont répondu que la prison n'était pas un club de vacances ou quelque chose comme ça. Son type, c'est un taulard, oui!

– Tu l'as noté, son nom?

La théâtreuse ramène sur elle les pans de son peignoir, décerne à Teichner un clin d'œil complice.

– Bien sûr que oui, je l'ai noté. Tu vois qu'elle t'intéresse, mon histoire. Dominique Giraldi.

Primley se débarrasse doucement du mistigri lové sur ses genoux, toussote pour attirer l'attention.

– Excusez-moi, chef, mais j'ai bien peur que notre intervention en dehors de notre secteur...

Teichner, agacé, pousse un soupir.

– Agent Primley, sachez que quand on reçoit une confidence, on écoute et on ferme sa gueule.

– Bien dit, Willie! piaille Gloria d'une voix qui monte soudain dans les aigus. Voilà une fille qui s'amène ici sans un sou, avec un jules en prison et ton bleu ne voit même pas ce qui pourrait justifier une intervention! Suppose qu'elle prépare un coup, cette môme? Que son mec veuille s'évader pour venir se planquer chez moi... Qu'ils préparent un hold-up. Chez Mario, si ça se trouve. Parce qu'il faut que je te dise, je l'ai fait engager chez Mario, en plus...

Teichner se tait. La tête rentrée dans les épaules, il laisse passer l'orage, faisant tourner machinalement sa casquette entre ses mains.

– Qu'est-ce que t'en penses, Willie?

– Je réfléchis. Si tu ne la connaissais pas, pourquoi tu l'as expédiée au *Lovely*?

– Mon loyer, c'est toi qui me l'aurais payé, des fois?

– D'accord, ma jolie... Et après?

– Après? Eh bien elle faisait une drôle de tête! Je lui ai dit comme ça : « Ça ne va pas, Isabel? » Et je l'ai regardée bien en face. Elle a vu que j'avais compris. Tout de suite elle est allée s'enfermer dans sa chambre et maintenant, elle part travailler le soir sans même venir me saluer. C'est simple, depuis une semaine je ne la vois plus. D'ici à ce qu'elle se fasse la malle sans régler ce qu'elle doit...

– Ça m'étonnerait, rectifie Teichner, tu te fais toujours payer d'avance.

Il sort un calepin puis un crayon de la poche de sa vareuse et commence à dessiner des ronds sur une page vierge avant d'y inscrire le nom de Giraldi.

– Qu'est-ce que tu veux que je fasse, Gloria? demande-t-il.

– Que tu lui foutes les jetons, à cette fille. Contrôle d'identité, perquisition, tout le bazar, quoi! Tu connais ça mieux que moi. Elle a peut-être des armes, dans ses valises. Ça devrait intéresser la police, non?

Teichner se gratte l'aile du nez avec la pointe de son crayon.

– Ça intéresse peut-être la police mais on ne peut pas agir comme ça, d'autorité. Nous ne sommes pas dans notre secteur et en plus il nous faut un mandat pour perquisitionner...

– Si je comprends, on peut donc se faire voler ou assassiner et vous vous en foutez?

– On n'en est pas là, Gloria. A mon avis, tu te fais du cinéma. Excuse-moi, il faut qu'on s'en aille. Tu viens, Primley?

– C'est bien la peine que je me décarcasse pour te rendre service, Willie! dit Gloria, décontenancée. Je devrais pourtant le savoir que tu te fous pas mal de ce qui peut arriver aux autres. Il y aurait une bonne femme à sauter, là, tu foncerais. Je m'en souviens, tu sais, de la femme du souffleur. J'aurais jamais dû t'emmener avec moi pendant ton congé... Si un coup dur arrive, tu ne pourras pas dire que je ne t'aurai pas prévenu, hein?

Teichner soulève une nouvelle fois sa perruque et commence à chatouiller sa calvitie, signe d'une cogitation intense. Il demeure quelques secondes silencieux puis il se tourne vers son collègue qui, perplexe, attend la suite des événements.

– Est-ce que tu as déjà fait une perquisition depuis que tu es dans la police, petit? demande-t-il.

– Non, chef.

– Alors, c'est le moment d'apprendre. Tu prends le double de la clé de la chambre 18 et tu vas frapper à la porte. Si la fille est là, tu contrôles son identité. Si elle n'est pas là, tu fouilles ses affaires. C'est pas compliqué. Pendant ce temps, moi, je monte la garde...

– Mais, sergent...

– Il n'y a pas de mais, Primley ! Un ordre est un ordre !

Teichner, les mâchoires contractées, empoigne l'agent par le bras, l'entraîne sur la passerelle.

– Tu jettes simplement un coup d'œil, murmure-t-il à son oreille, hors de vue de la logeuse. Comme ça, la Gloria sera rassurée. Je la connais bien, tu sais ! Si on ne lui fait pas ce petit plaisir, on en a pour des heures.

L'agent Primley fait un effort pour maîtriser son appréhension. Il demeure un instant immobile puis il se décide à coller son oreille au panneau. Le silence qui règne dans la pièce le rassure. La fille s'est absentée, cela va faciliter la visite des lieux. Pourtant, cette perquisition arbitraire ne lui plaît guère.

Les lampadaires de Steiner Street, un étage plus bas, teintent encore les façades de lueurs blafardes. Le jour commence à se lever. A perte de vue, la guirlande des feux de signalisation jalonne les rues et, tout là-bas, la balise rouge d'Alcatraz irise le brouillard.

Délicatement, Primley introduit la clé dans la serrure. Il retient sa respiration, tente de refouler la crainte qui l'habite. Le pêne ne cède pas. Primley renouvelle l'opération en appuyant légèrement sur le montant de la porte. En vain. Il délaisse la clé, tourne avec précaution le bouton de serrure. Surprise, la porte n'est pas fermée. Il l'entrebâille, risque un coup d'œil à l'intérieur de la chambre plongée dans une semi-obscurité. Tout paraît calme. Il s'enhardit, entrouvre un peu plus l'huis, fouille la pièce du regard. Sur le lit, près d'une valise, des vêtements féminins sont éparpillés. Au pied d'une chaise, à même le sol, d'autres vêtements mélangés à de la lingerie et des collants. Soudain, un léger tintement de verre qui semble provenir de l'autre côté du rideau translucide qui ferme la salle d'eau le fait sursauter.

Primley reste là, incapable du moindre mouvement, paralysé. Son cœur bat la breloque. Il suffirait que la femme appelle au secours pour que les voisins ameutés le surprennent, lui, l'agent stagiaire, en train d'effectuer une violation de domicile alors qu'il devrait sillonner les rues de son secteur au volant de la voiture de ronde.

Aussi discrètement qu'il a ouvert la porte, il s'apprête à la refermer, lorsqu'un nouveau bruit de verre, semblable au bris d'une bouteille sur l'émail d'un lavabo le retient. Instinctivement, sa main s'est portée contre l'étui de son arme de service. Il refoule la peur qui l'étreint, appelle :

– Madame? Vous êtes là, madame?

Le silence. Il lui semble, pourtant, percevoir une respiration saccadée. Peut-être s'est-elle blessée? Primley avance de deux pas, actionne le commutateur. La chambre offre un spectacle de désolation. Le linoléum verdâtre est souillé de taches brunes et le papier peint, aux motifs géométriques orange et marron, pend par endroits.

– Il y a quelqu'un? Madame, s'il vous plaît...

Le rideau se soulève à demi. Primley recule, s'attendant à voir une jeune femme en chemise de nuit. Son sourire rassurant se fige aussitôt. Un individu se tient devant lui. Un petit type au teint basané, un Chicano mexicain, coiffé d'une casquette de base-ball et vêtu d'un battle-dress de l'armée. L'espace d'un instant, les deux hommes se dévisagent avec la même surprise. Puis l'inconnu se tourne vers la mini salle de bains dont le rideau s'écarte tout d'un coup.

– *It's a cop, Giuseppe.*

Une décharge d'adrénaline parcourt les membres du policier. Sa main recule vers la crosse de son Colt .38 détective spécial, tandis qu'un ordre bref claque derrière le lavabo :

– *Kill him.*

L'homme fait un geste vers sa hanche, ramène devant lui le museau noir d'un pistolet. Primley le voit afficher un rictus cruel puis une détonation lui fait exploser les tympans. Un choc violent à l'épaule et il se retrouve à terre, tirant au jugé. La casquette de base-ball éclate, juste au-dessus de la visière et le visage du petit homme disparaît sous un flot de sang.

Au bout de son bras, le .38 spécial de Primley est secoué de tremblements. Hébété, l'agent contemple le cadavre étendu sur le linoléum. Un hurlement aigu lui vrille les oreilles. Un hurlement de femme.

Dans un brouillard, il voit le rideau de la salle de bains s'écarter d'un coup sec. Un grand type, coiffé d'un chapeau et vêtu d'une gabardine, tient une femme serrée contre lui, comme un bouclier, et détend le bras dans sa direction. Un bras armé d'un Colt .45.

L'impact de la balle cloue l'agent Primley au sol.

9

Los Angeles, 3 janvier.

Comme chaque soir à pareille heure, les jappements des coyotes se mêlent aux hululements des grands ducs nichés sous les frondaisons. La nuit s'annonce fraîche et humide. Des écharpes de brume flottent au-dessus de la pelouse, s'accrochent aux collerettes des palmiers. Trop basses et trop brillantes pour être des étoiles, les lumières de Santa Monica scintillent au loin, tout au long de la plage, telle une guirlande de diamants.

Calé devant la télé, je lutte contre l'engourdissement. Mon séjour à San Francisco a été de courte durée. J'en suis revenu déçu. Longtemps, trop longtemps, j'ai contemplé le plafond de ma chambre du Fairmont. Les propos de Bryce jouaient à saute-mouton dans ma tête. Le ronflement de l'ascenseur, de l'autre côté de la cloison, les coups de klaxons sur Mason Street et surtout les échos du jazz-bar du restaurant, m'avaient tenu éveillé jusqu'à deux heures du matin. A huit heures, le service du téléphone me tirait de mon sommeil.

– Vous avez bien commandé votre petit déjeuner pour sept heures quarante-cinq, monsieur?

– Bien sûr. J'ai accroché la fiche à la porte.

– Je sais, monsieur. Le service s'est présenté à deux reprises et vous n'avez pas répondu.

J'avais formulé une vague excuse, tiré les doubles rideaux, pris une douche froide pour me remettre les idées en place, et commandé un taxi. Trois quarts d'heure plus tard, le chauffeur noir me déposait sur Bancroft Way, à Berkeley, devant le bâtiment de la Student Union. Sans trop de difficultés, j'avais découvert la chambre que Violaine Sénéchal partageait avec une jeune étudiante américaine, June Stern, mais mes investigations s'arrêtaient là : étudiants, professeurs et la grande majorité du personnel du campus profitaient des vacances de fin d'année. Il me faudrait revenir à la mi-janvier, à la reprise des cours. Même insuccès au Cowell Hospital, où madame Franklin était inconnue.

– Voyez au Medical Center de l'Université de San Francisco, m'avait conseillé un infirmier. C'est peut-être là.

Quant à son lieutenant de mari, il était en opération quand j'avais essayé de le joindre.

J'avais préféré regagner Los Angeles. Après tout, je n'étais pas chargé d'une enquête de police.

Je bâille.

Il faut dire que le documentaire sur la reproduction des semnopithèques d'Asie sur la 39, la chaîne CNN, n'a rien de réjouissant. Je me demande d'ailleurs qui peut s'intéresser, à part les épris de sciences naturelles, à la prolifération de ces singes qui ont la particularité de vivre en bandes. Pas moi en tout cas. Je me lève pour aller grignoter une aile de poulet dans la cuisine attenant à la salle à manger.

Les informations démarrent. Je reviens au trot. Des nouvelles d'intérêt local : une grève d'employés de banque sur Rodeo Drive, qui tournent en silence, des pancartes au-dessus de la tête. Puis une démonstration de base-ball par les Dodgers sur la pelouse du gigantesque Stadium de 56 000 places. Un reportage, enfin, sur Descando Gardens, le plus grand jardin de camélias du monde. Je suis le programme d'un œil distrait, m'apprête à changer de chaîne quand, le doigt sur la commande, des images de San Francisco en même temps que la voix d'une journaliste en tailleur rouge et chemisier de soie, attirent mon attention :

« La confusion la plus totale règne toujours à San Francisco devant le Comedia Palace qui a été ce matin le théâtre d'une fusillade sanglante. Les policiers que j'ai rencontrés se sont refusés à tout commentaire mais il semble que l'un d'entre eux ait été tué. Je vais tenter de m'approcher du lieutenant qui dirige les opérations... »

La caméra effectue un panoramique sur des voitures de police et des ambulances, gyrophares tournant, garées devant un motel de seconde catégorie. Des flics en casquette et blouson de cuir ont tendu un ruban plastifié orange vif pour délimiter un périmètre interdit aux curieux qui affichent une mine de circonstance. L'objectif, en un zoom rapide, fait apparaître plein cadre dans mon téléviseur le visage du chef de patrouille.

Je n'en crois pas mes yeux. C'est le lieutenant Bill Franklin qui répond aux questions de la journaliste, appuyé sur le capot d'une voiture de police, les yeux mi-clos, le visage rubicond. Voilà pourquoi je n'ai pu le joindre ce matin. Il n'a pas changé, Pumpkin. La même bonhomie, la même rondeur apparente. Mais son air doucereux est trompeur. Franklin, né flic, mourra flic. J'ai pu m'en rendre compte [1]. Il aime la chasse aux chauffards, les planques, les nuits blanches, les descentes-éclair dans les bouges, les arrestations et les fouilles de suspects sur la voie publique. Il raffole des interrogatoires-pièges qui placent les contrevenants en situation délicate. A quarante-huit ans, c'est déjà une figure de la Metropolitan Police de San Francisco, comme il a marqué de son empreinte le Los Angeles Police Department où il officiait en qualité de sergent-chef de groupe.

Sur mon écran de télévision, j'ai l'impression de voir un acteur de composition : petit, massif, des cheveux blonds et courts, un nez en pied de marmite, un estomac qui se répand en abondance au-dessus du ceinturon porte-pistolet.

Brutalement éclairé par les projecteurs de l'équipe de tournage, Franklin cligne les yeux, l'air renfrogné.

– Pouvez-vous nous expliquer ce qui s'est passé ici, lieutenant? demande la journaliste en lui tendant le micro.

– Ce qui s'est passé, c'est qu'un de mes agents s'est fait tirer comme un lapin, si vous voulez savoir. Une jeune femme a été enlevée par deux hommes, l'un d'eux est resté sur le carreau. C'est tout ce que je peux vous dire.

1. Voir *Kidnapping*, Presses de la Cité.

Le micro revient se planter sous les lèvres de la reporter :

– Il s'agirait donc d'un règlement de comptes, entre policiers et gangsters?

Le sourcil de Franklin se met en accent circonflexe.

– Comment ça, un règlement de comptes?

– Si un agent a été blessé, un truand abattu et qu'une femme a été l'enjeu de la bagarre, c'est bien parce que votre collaborateur était en relation avec la pègre, non? C'est fréquent, la corruption, dans les grandes agglomérations... Tout le monde le sait...

Pumpkin se redresse, dévisage la journaliste, les yeux écarquillés.

– Qu'est-ce que vous me chantez là, mademoiselle?

– Qu'il est pour le moins curieux que votre subordonné se soit trouvé dans un secteur qui n'est pas le sien, dans un hôtel où il n'avait rien à faire et en compagnie d'une femme qui a disparu. Vous la connaissez cette femme? Une prostituée, sans doute?

Pumpkin clôt sèchement l'interview.

– Mademoiselle, sachez qu'il n'y a pas d'agents corrompus dans mon équipe et qu'il n'y en aura jamais... Maintenant ça suffit, rompez!

Délibérément, il tourne le dos à la jeune femme dont le sourire fielleux a disparu de l'antenne, laissant la place à un spot publicitaire. Je quitte mon fauteuil, éteins le téléviseur. Vraiment, je ne m'attendais pas à voir un gros plan de Pumpkin sur l'écran. Toujours sur la brèche, Potiron!

– Vous l'avez mouchée, cette conne, lieutenant.

Bill Franklin se détourne, jette sur l'agent O'Leary un regard glacé. Le masque hilare du policier se recroqueville aussitôt.

– Allez dire aux gars de l'Identité de faire vite. Je veux leur rapport le plus tôt possible.

– D'accord, lieutenant.

– Et s'ils ne sont pas contents, rappelez-leur que c'est Primley qui s'est fait descendre. Je veux aussi la peau du salopard qui l'a envoyé sur le billard! Si jamais il y passe, nom de Dieu, je...

Franklin s'interrompt. Il a réalisé qu'il est en train de hurler et que le malheureux O'Leary, mal à l'aise, se dandine d'un pied sur l'autre en ne sachant quelle attitude adopter.

Franklin lui donne une tape amicale sur l'épaule.

– Dites-moi, O'Leary, vous le connaissiez bien, Primley, vous?

– On était de la même promotion, à la Police Academy, lieutenant.

Bill Franklin hoche la tête.

– Vous croyez, vous, qu'il aurait pu être mêlé à une combine quelconque, comme le pense la journaliste?

O'Leary reste silencieux quelques secondes, dévisage son officier, puis porte son regard sur le ballet des flics autour d'eux. L'équipe de télévision, à l'écart, remballe piteusement son matériel. Une ambulance démarre, lançant un strident appel de sirène.

– Sauf votre respect, lieutenant.

– Oui?

– C'était un type bien, Primley. Pourquoi vous

ne demandez pas à Teichner ce qu'ils fichaient au Comedia tous les deux. C'était son chef de patrouille, non?

A nouveau, Franklin donne au jeune flic une bourrade amicale.

– Vous avez raison, dit-il. Prévenez Teichner que je l'attends dans ma voiture.

Le policier hoche la tête, et fait demi-tour.

– O'Leary!

– Lieutenant?

Franklin le rejoint en quelques enjambées, l'empoigne par les deux bras, le visage à nouveau grave et contracté.

– Pourquoi vous dites « c'était un type bien, Primley »! N'en parlez pas au passé, nom de Dieu! Ça porte malheur.

– Vous avez raison, lieutenant.

Franklin regarde O'Leary s'éloigner. Le car de CNN vire sur Steiner Street. La foule se disperse. L'officier de police regagne la Ford de service, le dos voûté, le pas lent. Immobile à son volant, il attend que s'ouvre la portière de droite.

– Vous vouliez me voir, Bill?

Willy Teichner, la perruque de travers, un sourire crispé aux lèvres, s'installe à côté de lui.

– Oui, il faut qu'on parle, dit Franklin.

Il tourne la clé de contact, fait démarrer la voiture, marmonne :

– C'est moche pour le petit, hein, Willy? Ça fait deux heures qu'il est sur le billard. Le moins qu'on puisse faire c'est d'être là quand il sortira...

Willy Teichner se gratte le crâne :

– Quelle histoire, se contente-t-il de dire.

Sans tourner la tête, Franklin coupe la radio de bord qui diffuse des appels de service.

– Justement, dit-il. Si tu me la racontais, cette histoire? Parce que j'aimerais savoir ce que vous foutiez dans ce quartier!

Teichner se cale au fond de son siège. Des gouttelettes de sueur brillent dans ses sourcils roux.

– Un malheureux concours de circonstances, Bill. Gloria, la patronne du motel, est une vieille amie. Un peu indic sur les bords. Elle m'a déjà refilé quelques tuyaux sur des clandestins, des putes, des petits dealers. Vous voyez le genre...

– Et alors?

– Gloria m'a appelé à cause d'une fille, Isabel Giraldi, dont le mec est au pénitencier de San Quentin. Elle avait soi-disant peur qu'elle prépare un coup.

– Quel coup?

– Je n'en sais rien. Elle voulait qu'on vérifie ses papiers. Moi, je pouvais pas me douter qu'il y aurait du grabuge! C'est pour ça que j'ai envoyé le petit.

Franklin vire sur Haight Street, en direction du Medical Center.

– Tu étais où, toi?

Willy Teichner arrache sa perruque, se gratte furieusement le crâne.

– En couverture, bordel! Ça s'est passé si vite que je n'ai pas eu le temps de réagir. Un des types a emmené la fille en otage. J'aurais pu la blesser si j'avais tenté quoi que ce soit!

– Difficile de te proposer pour la médaille de bravoure, grommelle Franklin.

– J'aurais voulu vous y voir, vous! Ce mec n'a pas hésité à ouvrir le feu! Je comprends pas que Primley soit encore en vie...

– C'est ce qu'on va voir, dit le lieutenant en engageant la Ford dans l'allée centrale de l'hôpital.

La voiture se dirige vers le parking, s'immobilise sur un emplacement libre. Franklin coupe le contact.

– Qui te dit que la fille a été enlevée? dit-il en quittant son siège. Elle est peut-être simplement complice des tueurs?

– M'étonnerait, affirme Teichner. Je les ai vus filer, après la fusillade, depuis la fenêtre de la loge. Elle hurlait et se débattait. Le gars devait presque la porter.

– Il ressemblait à quoi, ton client?

Teichner réfléchit quelques secondes.

– Grand, brun, habillé tout en noir. Mais j'étais trop loin et ça s'est passé trop vite. Franchement je pourrais pas le reconnaître même si je butais dedans.

– Autrement dit, le seul témoin, c'est Primley. Souhaitons qu'il s'en sorte. Pour toi comme pour lui.

10

Pénitencier de San Quentin, 5 janvier.

Balayés par un vent froid et humide, les hauts murs n'ont jamais paru aussi sinistres à maître Ferrus.

Serrant sa serviette de cuir contre lui, l'avocat traverse la cour du pénitencier. Il se hâte, la nuque enfouie dans le col relevé de son pardessus en poil de chameau. Avec une expression déférente, voire craintive, les gardiens le regardent passer. Son allure est toujours celle d'un conquérant. Il escalade quelques marches, franchit la première grille-tourniquet sous le mirador. L'odeur de la prison le saisit. Chaque établissement a son odeur particulière bien que les ingrédients soient identiques partout. Mais le mélange se fait différemment. Les émanations de crasse, d'eau de Javel, de détergent, de chaux ne se combinent pas de la même manière à Sing Sing ou à Lewisburg, à Atlanta ou à Miami. Maître Ferrus respire avec plaisir les effluves familiers de San Quentin.

Près du greffe, un surveillant lui coule un regard respectueux avant de noter son nom et sa qualité sur le registre des visiteurs. C'est que l'avocat, ami du gouverneur de la Californie, a le bras long et une recommandation de sa part peut avantageusement transformer la carrière d'un employé de l'US Government.

Dans le parloir des avocats, un gardien lui désigne une cabine.

Ferrus s'installe sur une chaise, pose sa serviette devant lui sur une table de bois peint marquée de traces d'ongles, pareilles à des hiéroglyphes exprimant tous les espoirs et les angoisses de milliers de détenus. A cette heure, la plupart des cabines sont occupées. Dans celle d'en face, un confrère, maître Jackson, l'œil vif derrière ses grosses lunettes, attend son client en consultant un dossier étalé devant lui, avec l'air affairé d'un homme dont chaque minute est précieuse. Ferrus le contemple, amusé. Cette comédie lui semble grotesque. Il est si facile de faire fortune dans le métier sans s'échiner à préparer des plaidoiries dont les magistrats se moquent éperdument! Il suffit d'avoir quelques bons clients habitués des paradis fiscaux, discrets sur les services rendus et peu regardants sur le montant des honoraires. Tout à coup, il se rend compte qu'il ne s'agit pas d'une comédie. La majorité de ses confrères ne s'intéressent vraiment qu'à leurs dossiers. C'est lui qui joue la comédie. Cette pensée le tourmente, comme si elle avait le pouvoir de le désigner à la réprobation générale. L'espace d'une seconde, il envisage d'ouvrir sa serviette, et d'en extraire quelques feuillets qu'il lira, lui aussi, d'un air sérieux pour donner le change. Il y renonce. La chaleur du parloir l'enveloppe. Son corps transi se détend.

Un murmure continu monte des cagibis disposés de chaque côté du couloir qu'arpente un gardien. Maître Ferrus le voit passer et repasser devant les portes dont le panneau supérieur est vitré. Il entend le claquement des verrous chaque fois qu'un détenu sort ou pénètre dans une cabine. Et toujours, dans le couloir, le va-et-vient de l'homme-tronc dont le pas ponctue le bruit des serrures et donne l'impression d'un jouet mécanique, se balançant de droite à gauche.

Dominique Giraldi franchit le seuil du parloir. Dans son dos, la porte se verrouille avec un bruit sec. Aussitôt, les murs semblent trop étroits. Giraldi remplit la pièce. Son attitude est celle d'un homme qui s'impose une perpétuelle réserve, et pourtant Ferrus a l'impression de voir les muscles jouer, les nerfs vibrer sous sa peau. L'avocat se lève instinctivement. Le visage de son client est dur, fermé, malgré le sourire qui se dessine sur ses lèvres. Giraldi fait le tour de la table et s'assied à la place qu'occupait l'avocat, face à la porte vitrée. Surpris par cette manœuvre, Ferrus se laisse choir sur l'autre chaise. Il attire à lui sa serviette, fait mine d'y chercher un dossier, la dépose à ses pieds.

– Comment ça va depuis l'autre jour? demande-t-il en guise de préambule.

Le sourire de Dominique se fait ironique.

– Ça va. On essaye de m'étrangler, on me colle au secret sous le prétexte que j'ai voulu violer un Noir, je tire dix jours de cachot, mais à part ça, ça va. Je ne le connaissais même pas, ce Noir, je ne l'avais jamais vu. Et vous?

– Comment ça moi? bredouille l'avocat, un léger trouble dans la voix. Comment voulez-vous que je le connaisse?

Giraldi agite la main comme pour dissiper un malentendu.

– Je voulais dire : « Et vous, ça va? »

– Si l'on veut. Parce que venir de San Francisco uniquement pour vous rendre visite est fatigant et onéreux... Je me demande si je vais pouvoir continuer...

– A vous de voir, grommelle Giraldi que le trouble de son « défenseur » a mis en alerte.

Les paroles du Special Agent Sullivan, au début de leur rencontre, lui reviennent en mémoire : « Vous avez pris ce combinard de Ferrus comme défenseur? L'avocat de la Mafia? Pas étonnant que les juges vous aient collé le maximum, ils ne peuvent pas le voir. Il est connu à San Quentin pour visiter les tueurs. Un de ses clients, un Noir, un assassin de petites vieilles, un sale type qui lui est dévoué corps et âme, est au bloc C ou E, je ne saurais dire. Vraiment un sale type, et qui se fait payer cher. »

Le visage du gardien s'immobilise derrière la vitre. Son regard suspicieux observe la pièce, s'attarde sur le visage de Giraldi puis se détourne, rassuré par son allure inoffensive.

– Je comprends que ces déplacements vous occasionnent des frais, reprend Giraldi d'un ton goguenard, mais mes amis vous ont toujours dédommagé, non? Comment vont-ils, mes très chers Mathieu et Pascal?

– Ils vont bien, dit Ferrus, détournant le regard. Ils multiplient les interventions pour tenter de vous sortir de cette situation fâcheuse...

– Y compris les pieds devant puisqu'on a essayé de me tuer.

L'avocat a un haut-le-corps. Sa prunelle de vautour se fixe sur Dominique.

– Que voulez-vous dire?

– Rien. Je disais ça comme ça. Mais ce putain de nègre ne l'emportera pas au paradis. J'ai appris qu'il appartenait à un bloc voisin. Ce qui m'étonne, c'est qu'il ait pu arriver jusqu'à nos douches alors que toute communication d'un quartier à un autre est impossible. Sauf si un gardien lui ouvre les portes.

Giraldi marque un temps d'arrêt. Il dévisage l'avocat de ses yeux bleu acier, plus redoutables qu'un poignard, tout en se balançant sur sa chaise. Il a remarqué, une fois encore, l'affolement vite réprimé, de maître Ferrus.

– Qu'est-ce que vous en pensez, maître, vous qui avez l'habitude des prisons? Vous croyez qu'on peut passer d'un bloc à l'autre, sans complicité?

Ferrus a une moue dubitative.

– Je ne le crois pas, dit-il d'un ton qui se veut dégagé. Le règlement s'y oppose et les couloirs sont infranchissables tant le service de sécurité veille au grain pour prévenir toute rébellion. Qu'est-ce qui vous fait dire que ce Noir est d'une autre division?

– Parce que je ne l'ai jamais vu dans la mienne. Ni à la promenade, ni au travail de confection des filets de pêche, ni à l'atelier de menuiserie, ni au magasin d'habillement. Vous n'avez pas, vous, un client noir au pénitencier? Un tueur de vieilles femmes...

Le front soudain marqué par une ride profonde,

Ferrus agite négativement la tête mais ses traits trahissent une fois de plus son embarras.

– J'en ai eu un dans le temps, mais je m'en suis débarrassé, finit-il par reconnaître. Trop envahissant et pas assez fortuné...

Il se force à rire, un rire gras qui sonne faux. Dominique en profite pour ajouter :

– Un mauvais client dans mon genre, en somme... Il s'appelait comment ?

Le rire de l'avocat cesse instantanément. Son visage devient sévère :

– Pourquoi cette question ?

– Pour savoir ! Des fois qu'il serait de retour à San Quentin. S'il purge une longue peine, il n'a pas pu être libéré. A moins qu'il ait bénéficié d'un transfert et d'une conditionnelle... Si ça vous gêne de me donner son nom en raison du secret professionnel...

– Pas le moins du monde, condescend Ferrus avec un sourire rassurant. Larry Browman. Il est de Mendocino et il travaillait chez un restaurateur dont j'ai peut-être encore l'adresse... Attendez.

Il se penche, ouvre sa serviette, fait mine de farfouiller ses dossiers. Ses doigts déplacent une chemise en carton, dévoilant un court instant une petite boîte métallique noire. D'un rapide coup d'œil, Ferrus s'assure que le témoin rouge de son détecteur de micro est allumé. Personne ne pourra donc capter les propos que Dominique et lui sont en train d'échanger dans le parloir.

Maître Ferrus a la hantise des écoutes. Il sait par expérience que si la loi les interdit, nombre de salles d'audience, de cabinets de magistrats, de prisons sont équipés de micros miniatures, difficiles à détecter. Faute de s'en être méfié, il a failli être rayé du barreau quelques années plus tôt, lorsqu'une bande rapportant sa conversation avec un tueur à gages réputé a circulé sur les bureaux des juges de l'État du Wisconsin.

Depuis qu'il a fait l'acquisition d'un détecteur électronique de micros, gadget en vente libre, largement diffusé par l'intermédiaire de magazines spécialisés, il ne s'en sépare jamais. L'appareil émet un sifflement continu en cas d'écoute, juste assez puissant pour être capté par son utilisateur. Maître Ferrus a eu plusieurs fois l'occasion de se féliciter de son initiative. Aujourd'hui, il peut être rassuré : sa conversation avec Giraldi ne sera pas enregistrée par des oreilles indésirables.

Il se relève, manque de perdre l'équilibre sur la chaise mise en bascule.

– Je croyais avoir son adresse mais j'ai dû laisser le dossier à mon cabinet.

– Aucune importance, dit Giraldi. Quand l'agent du FBI va revenir me voir, je lui poserai la question. Au fait, c'est peut-être la police qui avait intérêt à me flanquer la frousse pour que je leur raconte ma vie...

Ferrus se tait. Depuis que l'Organisation lui a donné l'ordre d'assurer la défense de Giraldi, puis de rester en contact avec lui, l'avocat a eu le temps de cerner la personnalité de son client. Un Corse, comme Medioni et Guettaro, à l'évidence intelligent et vindicatif. Ferrus, d'origine new-yorkaise, n'est jamais véritablement parvenu à comprendre les insulaires, mais il a saisi leur « fonctionnement » basé sur la prudence et la vendetta. Un code de conduite que le parrain Medioni et son âme damnée Guettaro n'ont pas respecté. D'abord en permettant à Isabel Giraldi de quitter Rio alors que la police pouvait se servir d'elle, un jour ou l'autre, pour remonter jusqu'à eux. Un manque de prudence évident. Puis en tentant de faire assassiner Dominique en se servant de son client noir, avec la complicité intéressée du chef Broderick.

Deux beaux salauds, Mathieu et Pascal, mais qui rétribuent si bien les services rendus...

Une chose est sûre. En faisant enlever Isabel du Comedia Palace, Mathieu a redressé la situation : le beau Dominique sera désormais obligé de la boucler, qu'il le veuille ou non. Isabel est devenue un otage. Dommage que l'un des siens ait laissé sa peau dans l'opération, à cause de l'arrivée insolite d'un flic. Qui a pu les prévenir ? Encore un mystère à élucider.

Oui, il est coincé, Giraldi, et bien coincé. Mettre sa femme en lieu sûr, c'était le meilleur moyen de l'empêcher à jamais de parler, de se confier à ce pourri du FBI qui ne cesse de le harceler. Broderick, le gardien chef, veille heureusement au grain. Il faudra l'avertir de changer au plus vite de division ce Larry Browman qui a si superbement raté son coup. Pour un tueur, il n'a pas fait le poids en une si belle occasion. Broderick avait pourtant tout fait pour qu'il n'y ait pas de témoins...

Évoquer le terme de témoins met instinctivement l'avocat sur la défensive. Son regard se met à scruter les murs, dont la lugubre peinture grisvert s'écaille par plaques, le plafond, le sol dallé, la porte elle-même démunie de bec-de-cane à l'intérieur et devant laquelle cet idiot de surveillant à casquette étoilée ne cesse de jouer les guignols. L'envie de plonger à nouveau dans sa serviette le tenaille. Si le voyant rouge ne fonctionnait que par intermittence? Mais ce geste ne risque-t-il pas de susciter la curiosité de Giraldi, toujours en éveil? Ferrus se rassure. A aucun moment le détecteur de micros n'a donné de signe de défaillance, depuis qu'il l'a acheté.

Giraldi, soudain, quitte son siège, se met à arpenter la pièce, les mains derrière le dos.

– Plus j'y pense, dit-il en faisant de brefs allers et retours tel un fauve en cage, plus je me pose des questions. Un tueur à gages, même au cœur d'une prison, ça c'est déjà vu, non? A moins qu'on ait juste voulu me donner un avertissement, histoire de me faire refuser les parloirs de Sullivan. Un type sympa, ce Sullivan. Intelligent avec ça, et qui sait faire jouer la corde sensible. En me parlant d'Isabel, il a commencé à mettre du sel sur ma blessure. Il m'a expliqué comment elle avait été obligée de quitter Rio sans un sou, notre compte en banque ayant été mis à sec. Comment elle a dû accepter un emploi de serveuse dans un hôtel de San Rafael, pour survivre... Il m'en a dit des choses, Sullivan. Il m'a paru on ne peut mieux renseigné. Preuve qu'il s'intéresse à moi de très près. Et quand je dis à moi, c'est à nous que je veux dire...

Ferrus enregistre le *nous*, le sourcil froncé, subitement inquiet :

– Il vous a parlé de moi? demande-t-il d'une voix altérée.

– De vous, comme de Mathieu et de Pascal. De Khoury aussi. Bien entendu, je ne connais aucune de ces personnes mais n'empêche que je suis pour lui le trait d'union, le maillon d'une filière qui le fait saliver. Pour d'autres, en me jouant un sale tour, la route des responsabilités serait coupée... A propos, qu'est-ce qu'il devient, Khoury?

Un bref instant, Ferrus évoque mentalement le corps nu du Libanais, sans bras ni jambes, allongé dans un tiroir de la morgue. Puis ses lèvres esquissent une moue d'ignorance.

– Je ne sais pas. Je ne suis pas au courant de tout. Je suis avocat, pas partie prenante...

– Évidemment, dit Giraldi, stoppant brusquement sa déambulation. Mais moi, ça me touche de près, j'ai été piqué à deux pas de chez lui. Sullivan m'a laissé entendre que Mathieu et Pascal n'avaient pas été très chics avec moi. A l'évidence, il mettait de l'huile sur le feu pour que je me confesse. Ça n'a pas marché. Il m'en a pourtant raconté, des choses, histoire de me persuader. J'ai tenu le coup. Je dois dire que ce que nous craignons le plus, au bloc G, c'est d'être appelé par le haut-parleur : « Matricule untel au bureau. » Parce que tous les mauvais esprits se mettent en branle. Les soupçons s'éveillent et, au deuxième parloir, on vous prend pour un mouchard. Quand Sullivan vient m'annoncer que mes amis ne font pas le maximum, que ma femme vit dans le dénuement après avoir été si choyée, quand il me dit que si je me conduis bien, je sortirai rapidement, il faut avoir les nerfs solides pour ne pas succomber à la tentation. Vous ne croyez pas?

– Si, si, bien sûr, acquiesce Ferrus, compréhensif. Mais Sullivan vous a raconté des histoires : vos amis se sont occupés de votre femme Isabel, pour son bien. San Francisco est une ville dangereuse. Ils l'ont mise en lieu sûr, pour la protéger. Vous-même lui aviez d'ailleurs conseillé de quitter San Rafael et de ne donner son adresse à personne...

Giraldi, stupéfait, écarquille les yeux. Il demeure debout, les mains appuyées sur le dossier de sa chaise.

– Je dois vous dire que je vous trouve injuste à mon égard, minaude l'avocat en chaussant ses lunettes et en tirant de sa serviette une lettre froissée. Je lis ce que vous avez écrit : « Ferrus va me laisser tomber, je le sens. Trop de déplacements et pas assez d'honoraires. Les Fédés sont revenus me voir... Si je parle, j'aurai une réduction de peine et l'assurance d'un transfert dans une prison plus cool. Je n'ai pas le choix... »

Ferrus lève la tête vers son client, ôte ses lunettes qu'il fait tournoyer par une branche.

– Vous voyez, Giraldi, vous avouez que vous n'avez pas le choix. Ça signifie bien des choses, non ? Je continue.

Il rechausse ses lunettes, poursuit :

– « Dès réception de cette lettre, tu quittes San Rafael. Et tu ne m'écris plus. Je sais que ma décision va te faire de la peine... Je saurai toujours où te toucher... Plus de contact avec Ferrus, donc. Encore moins avec les garçons que tu as connus. Le compte qu'ils ont vidé, ils vont en payer les intérêts, fais-moi confiance. » C'est très clair, monsieur Giraldi. Très clair.

Giraldi est médusé. La lettre qu'il avait adressée à Isabel et qui avait échappé à la censure du pénitencier est entre les mains de Ferrus ! Donc Mathieu et Pascal en ont eu connaissance !

Livide, les yeux fiévreux, Dominique est incapable de la moindre réaction. Cette lettre, ce n'est sûrement pas Isabel qui la leur a remise de son plein gré. Ils la lui ont dérobée. Et s'ils l'ont en leur possession, c'est que Isabel est entre leurs mains. Tout s'éclaire, subitement. Ils l'ont kidnappée comme ils avaient jadis kidnappé et exécuté la jeune Magali dans la calanque de Port Miou, près de Marseille [1]. Depuis qu'il est en relation avec les durs de la Mafia, Mathieu a découvert l'élimination par la corde, le poinçon ou la batte de base-ball. Il a eu l'occasion de tester quelques échantillons de torture efficace sur des silencieux qui n'avaient pas su comprendre qu'il valait toujours mieux parler avant la douleur qu'après. Le morceau de verre brisé taillade les joues en forme de croix, la lame de rasoir prélève, d'un sec mouvement, le nombril du réfractaire aux confidences, les seins cèdent sous la morsure des tenailles...

Les poings crispés à s'en faire mal, Giraldi émet d'une voix blanche :

– Où est Isabel ?

Ferrus a un geste théâtral de la main.

– En lieu sûr, je vous l'ai dit. Il fallait bien vous préserver tous les deux de vilaines tentations... J'ai fait le voyage pour vous mettre en garde. Par amitié, même, devrais-je dire. Si vous renoncez à ces stupides idées de réduction de peine, il n'arrivera rien à votre femme, vous pouvez me croire.

L'avocat est transformé. Il laisse sa phrase en suspens, savourant l'instant, goûtant ce rare moment de puissance. Puis, ne pouvant résister à

1. Voir *Vol d'un Nid de Bijoux*, Grasset.

l'envie de vérifier une fois encore la lueur du témoin rouge, il se penche, ouvre la serviette.

La rage de Dominique, jusqu'alors contenue, éclate soudain. D'un bond, il est sur Ferrus que la brusque attaque surprend alors qu'il s'apprêtait à refermer la serviette, rassuré. Le voyant lumineux attire son attention.

– Qu'est-ce que c'est ce truc-là? Un magnétophone? Vous enregistrez mes propos, maintenant?

L'avocat n'a pas le temps de s'expliquer. Saisi par les revers de son manteau, il est arraché de sa chaise, collé contre la paroi de la cloison. Il voudrait hurler, appeler le gardien à son secours, mais les sons restent bloqués dans sa gorge. Le coup de poing que lui assène Giraldi lui fait éclater la lèvre supérieure. Sous le second, frappé en pleine face, ses lunettes volent en éclat. Le verre se brise, entaillant le nez proéminent. Maître Ferrus, pantin disloqué, tente de se protéger. En vain. La fureur de Giraldi est à son paroxysme. Il cogne, au visage, à l'estomac, au ventre.

Il ne voit pas, il n'entend pas s'ouvrir la porte vitrée. Un coup de matraque s'abat sur sa nuque et tout bascule dans le noir.

11

San Francisco, 5 janvier.

Le mastodonte moustachu qui joue les appariteurs dans sa guérite du Medical Center n'a aucune idée de la salle où l'agent Primley a été hospitalisé. Il dirige son menton dans la direction du comptoir *Admissions* derrière lequel trois jeunes femmes, une Noire et deux Blanches, jacassent au téléphone avec force mimique, comme si la vie de l'établissement dépendait de leurs péroraisons simultanées. L'une d'elles, la Noire, repose enfin son combiné. Ses lèvres découvrent une denture éclatante :

– C'est pour quoi, sergent ?

– Lieutenant, rectifie Franklin d'un ton bourru. Je voudrais savoir si l'agent Primley, qu'on a transporté ici avant-hier, est visible.

– Primley comment ?

– Vous avez d'autres flics de ce nom blessés par balles ? Dick Primley, si vous voulez savoir.

Les doigts aux ongles vermillon pianotent le clavier d'un ordinateur une première fois, puis une seconde après visualisation de l'écran, ce qui fait penser à Pumpkin que l'employée est aussi familiarisée avec son engin qu'avec la topographie des lieux.

– J'ai un Primley en chirurgie C, finit-elle par dire. Second étage, couloir de gauche, puis deuxième couloir au fond et à droite. Docteur Fitzpatrick.

Bill Franklin enregistre sans remercier. Au deuxième étage, le linoléum gris, veiné de blanc, le conduit à un rond-point aux murs ripolinés de blanc sur lequel ouvrent plusieurs couloirs. Il emprunte celui de droite pour surgir devant une infirmière-planton, au maquillage trop appuyé, assise derrière une table ronde.

– Est-ce que l'agent Primley est visible? interroge-t-il. Je suis son officier...

L'infirmière lui lance un regard étonné.

– Il est en réanimation. Si vous voulez voir le chirurgien...

Bill Franklin fronce les sourcils, l'air contrarié. C'est la quatrième fois en deux jours qu'il se présente au Medical Center, espérant à chaque fois des nouvelles rassurantes, qui ne viennent pas.

– D'accord, dit-il enfin. Annoncez-moi. Lieutenant Franklin, de San Francisco, Police Department.

Elle abandonne son guéridon à plaque de verre, pousse une porte qui découvre un bureau gris où un homme au teint hâlé contrastant fortement avec sa chevelure argentée est en train d'enfiler la veste qu'il a décrochée du portemanteau.

– Le docteur Fitzpatrick vous prie d'entrer, dit-elle en s'effaçant sur le seuil de la porte. Il allait partir.

Franklin s'exécute, referme la porte derrière lui.

– Désolé de vous déranger, docteur, dit-il alors que son hôte le prie de prendre place sur un siège en plexiglass. J'aurais aimé parler à mon agent mais l'infirmière me dit que ce n'est pas encore possible... Il détient des indications qui me seraient fort utiles en ce moment : un homme a été tué, une femme enlevée, et il est le seul à pouvoir me donner le signalement de son agresseur...

Le chirurgien s'installe dans son fauteuil en cuir chromé, secoue la tête à plusieurs reprises.

– Je crains que vous ne puissiez les recueillir avant quelques jours, dit-il en martelant ses mots. Votre homme est salement touché. C'est un miracle qu'il soit encore en vie : une balle dans le poumon gauche, une autre qui a frôlé le cœur, une troisième dans la colonne vertébrale... Pas un bon présage... En plus, il en a pris une dans la tête qui a nécessité la trépanation.

– Pourquoi pas un bon présage, docteur?

– Parce qu'il est en état de choc et que son coma peut durer plusieurs jours. Quand il en sortira, je crains qu'il ne se souvienne pas de grand-chose... D'ores et déjà, vous pouvez le compter comme un invalide. Il ne pourra jamais reprendre ses fonctions...

Franklin serre les mâchoires.

– Je connais des gens qui ont été trépanés et qui s'en sont sortis...

– Bien sûr, lieutenant! Lui aussi *peut* s'en sortir. Nous avons tout fait pour cela. Il est jeune et paraît vigoureux sous une frêle apparence. Malheureusement, la moelle épinière a été touchée et je doute qu'il puisse jamais se déplacer, sauf dans une chaise roulante...

Pumpkin retient une grimace consternée.

– Vous êtes pessimiste, docteur...

Fitzpatrick hausse une épaule.

– Hélas non... Il faut attendre quelques jours, maintenant. Il n'y a rien d'autre à faire... Laissez-moi vos coordonnées, je vous appellerai, le cas échéant...

Les épaules tassées, Pumpkin quitte son siège, rejoint le couloir, traverse le hall sous le regard vide du cerbère moustachu.

***

La Rolls grise, dont la calandre s'orne d'une Victoire de Samothrace métallisée or, s'immobilise, dans le chuintement de ses cylindres, devant l'entrée des bureaux de la Policia Maritima, 2 avenida Venezuela, à Rio de Janeiro. Le garde de service se fige au garde-à-vous. Le chauffeur métis en livrée grise, lui aussi, jaillit de la voiture et se précipite pour ouvrir la portière arrière droite. Mathieu Medioni, dans son costume d'alpaga blanc, un énorme havane à la bouche, met pied à terre, incline à peine la tête vers le policier de faction avant d'entrer dans l'imposant bâtiment dont la façade arrière domine la tumultueuse Praça Mauà.

Le chef de poste se raidit à son tour derrière sa table de commandement. Ses subordonnés l'imitent, rivalisant de flagornerie, l'air cauteleux. C'est que le senhor Medioni est un familier du commissaire Rodolfo Medeiros, lui-même protégé par quelques-unes des plus hautes personnalités du pays.

Medioni ne prête même plus attention à la puanteur du passage qui le conduit jusqu'à la cage de l'ascenseur, dont il fait coulisser la grille. Il appuie sur le bouton du troisième étage où siège la direction générale de la *Poltur*, police touristique habilitée à la délivrance des visas. Il se hâte au long d'un couloir dont les baies grillagées s'ouvrent, au loin, sur le monastère de Sao Bento qui coiffe la colline proche du port. L'agent qui semblait somnoler, avachi sur une chaise devant une double porte capitonnée, se lève d'un bond dès qu'il aperçoit Medioni, claque les talons, tire la porte vers lui, annonce respectueusement :

– *Senhor Mathieu, senhor director.*

Le commissaire-directeur Medeiros s'avance, la main tendue. Ses cheveux et sa moustache ruissellent de gomina. Son costume vert bronze a du mal à contenir son estomac.

– *Bom dia, amigo,* dit-il.

Le commissaire referme la porte, faisant signe à son hôte de garder le silence, et colle son oreille au panneau. Medioni, indifférent au manège, se laisse choir dans un fauteuil de cuir noir, tire une liasse de cruzeiros de sa poche, la lance sur la table derrière laquelle s'installe le policier.

Agréablement surpris, Medeiros s'empare de la liasse qu'il enfourne dans la poche intérieure de son veston. Son sourire s'élargit sous la moustache en crocs.

– Que puis-je pour vous, *amigo*? demande-t-il.

Il cligne de l'œil, relève le menton d'un air protecteur.

– Pas grand-chose, rétorque Medioni, du moins pour vous. J'ai reçu un coup de fil d'un collaborateur en promenade à San Francisco. Il m'a expliqué que l'opération que je lui avais confiée avait réussi.

Medeiros affiche un sourire encore plus large. Ses doigts grassouillets se mettent à pianoter le dessus de son bureau en signe de satisfaction.

– Voilà une bonne nouvelle, dit-il. Vous êtes content, j'espère?

Medioni hausse les épaules. Il se moque de ce que pense Medeiros. Les deux hommes se connaissent depuis qu'il est venu se réfugier au Brésil, fuyant la France. Rodolfo Medeiros n'était alors qu'un simple inspecteur au bureau des passeports à Belo Horizonte, ville baroque à un jour de car de Rio. Comme Medioni ne connaissait personne dans cette région minière où le sol et la roche changent plusieurs fois de teinte au long des virages qui contournent les collines, il avait sauté sur l'occasion de soudoyer un policier vénal. Medeiros avait commencé par lui fournir de faux papiers, plus authentiques que les vrais. Ses tarifs étaient modiques et plus d'un immigré clandestin avait déjà eu recours à ses bons offices. Lorsqu'il avait accédé au grade supérieur, il avait doublé la mise. Puis triplé quand il avait été muté à Rio. Il fallait bien penser à l'avenir. Le parrain corse n'allait pourtant pas regretter sa générosité. En la personne de Medeiros, il avait réalisé un bon investissement. Et c'est sans difficulté qu'il avait obtenu la nationalité brésilienne et fait bénéficier ses amis de son solide et discret appui.

– Je ne suis qu'à moitié content, dit Medioni. Il y a eu un petit pépin qui m'oblige à avoir recours à vos services. Vous seul pouvez me dépanner...

L'onguent, savamment distribué, flatte l'orgueil de Medeiros, qui lisse sa moustache avec la suffisance d'un généralissime entreprenant un cours de stratégie.

– Si je peux...

Il n'achève pas sa phrase, regarde fixement le Corse qui cherche une nouvelle liasse dans sa poche. Le commissaire l'arrête d'un geste :

– Je vous en prie, *amigo*... Nous verrons cela après, selon les difficultés...

La voix de Medioni baisse d'un ton.

– Il me faudrait une carte d'identité, un permis de conduire et un passeport que je ferai parvenir à mon collaborateur. J'ai les photos d'identité indispensables.

Mathieu Medioni sort de sa poche une enveloppe d'où il extrait trois clichés de Giuseppe Foata, que Medeiros examine rapidement.

– A quel nom, ces documents?

– J'ai pensé Manuel Alancio. Ça fait sud-américain. Signalement : cheveux bruns, taille 1,80 mètre, yeux noirs, teint mat. Faites vite. Je paierai ce qu'il faut...

L'annonce d'une gratification supplémentaire excite la cupidité de Medeiros, qui tend à son visiteur un imprimé en triple exemplaire.

– Remplissez ce questionnaire où je ne peux moi-même mettre mon écriture, dit-il avec un sourire entendu. Je le timbre et le classe aux archives. Ainsi, votre Manuel Alancio aura une existence légale. N'oubliez pas de signer, non plus.

Medioni décapuchonne son stylo, étend les jambes afin de remplir le formulaire dans une position confortable.

– Je vous revaudrai ça, dit-il gravement. Au fait, si l'affaire se compliquait et que l'ami Alancio soit dans l'obligation de quitter précipitamment les States, pourrait-il trouver asile à Rio pendant quelque temps ? Sous votre protection, bien entendu.

– Aucun problème, *amigo*. Je veillerai au grain. Dépêchez-vous de gribouiller si vous voulez repartir avec les papiers officiels avant que le bureau du timbre ne ferme ses portes.

12

San Francisco, 12 janvier.

La cuisine du Fleur de Lys, que les guides touristiques saluent comme un des restaurants les plus selects du Civic Center, ne le cède en rien ni à sa décoration florale, ni à son service stylé. Le chef, un Français, émule de Vergé, le célèbre patron du Moulin de Mougins, pratique, bien entendu, des prix à la hauteur de sa réputation, donc pas à la portée de la bourse de n'importe qui. Les habitués des palaces, les businessmen, les avocats, aussi gourmands que dignes, amoureux du cadre et de la bonne chère, composent la clientèle du déjeuner. Le soir, les visages changent. Les touristes aisés festoient autour des tables dont les lustres font ressortir la blancheur des nappes, l'éclat de l'argenterie.

Rien d'étonnant à ce que James Bryce y ait réservé un salon particulier, comblant ainsi son goût du luxe tout en réunissant discrètement la gent policière de l'État. A douze heures cinquante-cinq précises, le maître d'hôtel l'accueille avec le cérémonial dû à son rang.

– Vos invités ne sont pas encore arrivés, monsieur le Supervisor.

L'œil d'aigle de Bryce plane sur la table ovale, s'arrêtant au passage sur chaque détail avec une satisfaction visible : ordonnancement impeccable du couvert, serviettes brodées de la fleur de lys, symbole de l'établissement, verres en cristal taillé importés de Baccarat, tout est parfait. Le silence régnant entre les murs capitonnés le rassure.

– Ils ne vont pas tarder, Mathews. Je compte sur vous pour ne pas être dérangé entre les plats.

– Vous pouvez, Monsieur. La sonnette est à vos pieds et j'ai déjà donné les ordres en conséquence.

Bryce remercie d'un sourire, promène son regard sur le haut plafond orné de moulures victoriennes avant de le poser sur une desserte aussi ancienne et raffinée que la maison elle-même.

– Bien. Si vous voulez jeter un coup d'œil au bar et prier mes invités de monter, ça m'arrangerait.

Le maître d'hôtel fait un signe d'acquiescement. Dès que sa silhouette s'est évanouie dans le large escalier à volutes, Bryce extrait de sa poche un détecteur de micro miniature, le braque sur les rideaux de velours qui ornent les fenêtres à petits carreaux puis le dirige sur les tentures, jusqu'à un renfoncement de mur dont les étagères en glace supportent des porcelaines de Sèvres. L'exploration l'ayant tranquillisé, il coupe le contact et enfouit le récepteur dans la poche intérieure de sa veste, au moment même où la chevelure grisonnante du maître d'hôtel réapparaît sur le seuil de la pièce.

***

Ça m'est tombé dessus, ce matin, comme un coup de matraque. Je sommeillais lorsque le téléphone s'est mis à carillonner, faisant sursauter mon yorkshire qui a dû se demander dans quelle rampe de lancement il s'était fourvoyé durant la nuit. Les yeux boursouflés, j'ai cueilli le combiné sur la table de nuit, plaqué l'oreille à l'écouteur. La voix de Baker a quelque peu secoué ma léthargie.

– *Good morning, Rodger.* Je vous réveille?

– Non, non, ai-je bredouillé. Quelle heure est-il?

– Sept heures à Denver. Chez vous, une de moins. Je vous appelle de l'aéroport. Dans moins de dix minutes, je prends l'avion pour San Francisco.

J'ai avalé ma salive avant d'articuler :

– Bon voyage, Richard.

– Le vôtre est à huit heures quarante. Tâchez de ne pas le rater. Le billet est à votre disposition au comptoir de la Continental Air Lines...

J'ai étouffé un bâillement, passé la main dans mes cheveux en broussaille, marmonné :

– Comment ça, le mien?

– Bryce souhaiterait vous revoir aujourd'hui à treize heures au Fleur de Lys. Un restaurant français, ça devrait vous plaire. Notre ami Pumpkin, des collègues de la DEA et le directeur de la prison de San Quentin sont convoqués, eux aussi. Vous savez où c'est, le Fleur de Lys?

– Non.

– Sur Sutter Street, pas loin du Bureau. Je suis obligé de filer. A tout à l'heure.

– A tout à l'heure, ai-je maugréé machinalement.

Il avait déjà raccroché.

Endormi mais conscient, je suis allé me poster à la fenêtre. J'ai longuement contemplé la ville illuminée qui s'étalait à mes pieds et le trafic sur Sunset Boulevard. Puis j'ai gagné la cuisine avec l'intention de faire fonctionner ma machine à *espresso*. Comme j'emplissais le réceptacle de French Roast, mon café préféré, le téléphone a de nouveau trituré mes tympans.

– Rising Glen, c'est bien dans les collines? m'a demandé une voix grasseyante.

Cette fois, j'ai émergé de ma torpeur.

– C'est pour savoir ça que vous réveillez le monde à six heures du matin? Vous vous foutez de moi, ou quoi?

– Faut quand même que je me renseigne, a bredouillé la voix avec un air de surprise. Ce n'est pas de ma faute si je ne trouve pas la maison!

– Quelle maison?

– Vous avez bien commandé un taxi pour vous conduire à l'aéroport, non? Ça fait un quart d'heure que je tourne et que je vire dans le coin sans la dénicher.

A cet instant précis, j'ai eu l'impression que le voile venait brusquement de se déchirer. Tout devenait clair, lumineux. Je saisissais le véritable sens du coup de fil de Baker. Je réalisais qu'il tenait à ma présence à San Francisco. Et que, d'accord avec Bryce, il avait même pensé à réserver le taxi.

– Bon! Vous prenez Sunset Drive et au deuxième stop, vous tournez à gauche. Après, c'est tout droit.

En moins de dix minutes, j'étais rasé et habillé. Les toutes premières heures de l'aube commençaient à teinter l'eau de la piscine lorsqu'une Chevrolet blanche et verte d'Independant Cab avait viré devant mon portail. Je m'étais calé contre l'accoudoir, sur le coin droit de la banquette, là où les ressorts n'avaient pas encore réussi à percer la moleskine des coussins aussi défoncés que la carrosserie.

Les Américains se lèvent tôt. Malgré l'heure matinale, l'animation sur la Santa Monica Freeway et la 405 était déjà à son comble. Le temps d'avaler un café bouillant au bar de Los Angeles Airport et je me retrouvais le nez collé au hublot du DC 10 qui virait au-dessus des Santa Catalina Islands déjà auréolées de soleil. Le spectacle des falaises tombant à pic dans le Pacifique, les sommets enneigés des Coast Range que nous survolions, me laissaient indifférent. Mon cerveau travaillait à un rythme que j'avais connu autrefois, quand je pourchassais les mauvais garçons, quand la crainte de l'échec me mettait dans un état de surexcitation incontrôlable. Pourquoi Baker et Bryce tenaient-ils tant à me faire faire ce voyage?

***

James Bryce promène un regard satisfait sur l'aéropage de flics assis autour de la table. Il laisse s'installer un instant de silence afin de permettre à chacun de s'imprégner de la déclaration qu'il va faire.

J'en profite pour détailler les convives du déjeuner auquel il nous a conviés. A sa droite, enrobant sa corpulence dans une ample veste à carreaux qu'honore un discret ruban de décoration gouvernementale, le replet directeur de la prison de San Quentin. Un homme sympathique, Fred Curtis, affable, aussi souriant que gourmand, d'après Baker. Il couve Bryce d'un regard protecteur. Sans doute apprécie-t-il ses qualités de pourvoyeur de cellules.

Près de lui, le Special Agent Sullivan, dont le faciès de boxeur, le nez écrasé, les oreilles en chou-fleur, les poings, surtout, n'invitent pas à la contradiction. Par contre, le regard est clair, sauf quand il le darde sur les représentants de la Drug Enforcement Administration, assis en face de lui. Uniformément vêtus de gris, l'un, Jefferson, petit et effacé, l'autre, Olexa, grand et hâlé, les cheveux noirs rejetés en arrière, le nez busqué. Sullivan n'a pas l'air de les porter dans son cœur, c'est visible. Moi-même, j'ai du mal à supporter leur allure de robots. Tout à l'heure, lors des présentations, leur poignée de main distante et leur froideur m'ont désagréablement impressionné.

Coincé entre Baker qui respire la joie de vivre dans un costume de tweed de bon faiseur et le lieutenant Franklin dont l'uniforme flambant neuf semble sortir d'une réserve de naphtaline, j'assiste, en tant que figurant, à une intéressante petite comédie humaine.

– La situation, chers amis, est préoccupante...

Ayant assené ces paroles pessimistes, James Bryce jette un regard songeur autour de la table. Assis un peu en retrait en raison de la proéminence de sa bedaine, Pumpkin lui répond par une légère inclination de tête. Baker, les jambes allongées sous le plateau, semblerait somnoler s'il ne jouait avec un briquet en or qu'il fait sautiller dans sa main. Le visage lunaire de Curtis est une mer de tranquillité et les hommes de la DEA attendent les explications qui vont sourdre, dans l'attitude d'écoliers studieux. Seul le sifflement de la respiration de Sullivan trouble le silence de la pièce.

– Vous vous doutez que les récents assassinats de Khoury et Nam Yuen ainsi que la fusillade du Comedia Palace et l'enlèvement d'Isabel Giraldi ont suscité une émotion sans précédent dans notre ville, reprend Bryce. Le Gouverneur, qui attribue la recrudescence de la criminalité au manque de collaboration de nos différents services, ne m'a pas caché son mécontentement. Il n'a peut-être pas tort. Nous avons trop tendance les uns et les autres à garder pour nous des informations qui pourraient être exploitées par ailleurs. Les meurtres du Libanais et du Chinois semblent liés à l'affaire du Comedia. Si cette hypothèse se confirme, il m'apparaît que nous assistons à une nouvelle guerre des gangs issue du trafic de drogue. D'ailleurs, en ce qui concerne Khoury et le Chinois, aussi étrange que cela puisse paraître, les autopsies ont révélé l'absorption, à mon avis forcée, d'une certaine quantité de rose avant les coups de feu mortels. Lieutenant Franklin, vous avez la parole.

Avec une lenteur étudiée, Pumpkin sort un calepin à couverture plastifiée de la poche de sa vareuse, le pose devant son assiette. Le Château-Laffitte qu'il a apprécié tout au long du déjeuner a rosi ses pommettes et lui a donné une assurance qu'il était loin d'avoir à son entrée dans la salle. Conscient de l'importance de ses révélations, il prend son élan, avec James Bryce en ligne de mire.

– Je ne sais pas si les meurtres en question sont liés à un trafic de drogue, dit-il, mais ce que je sais, c'est que les truands ne plaisantent pas et que mes hommes se font canarder à bout portant. L'un d'eux, Primley, s'est fait salement moucher et le toubib se demande s'il va pouvoir s'en sortir. Un bon agent, pourtant, Primley. Jeune mais avec un avenir...

Le directeur du pénitencier qui, jusque-là, paraissait somnoler sur sa chaise, comme indifférent au climat de la réunion, soulève à demi une paupière.

– Il a aussi mouché son agresseur, marmonne-t-il. J'ai vu le reportage à la télévision.

– D'accord, dit Franklin en triturant une page de son carnet, mais le chicano qui a été tué avait un complice. Ce salopard a truffé Primley de pruneaux de 11.43. J'ai ramassé les douilles. Et puis il a couvert sa fuite en se servant de la femme Giraldi dont vous détenez le mari à San Quentin. J'ai appris tout ça sur place. Ce que je voulais dire, c'est que les balles qui ont expédié Khoury, Nam Yuen et Moo Chong au paradis des immigrés ont été tirées par la même arme. L'Identité est formelle.

Jefferson, l'agent de la DEA, dévisage l'officier avec une curiosité non feinte avant de s'enquérir :

– Qui est ce Moo Chong?

– Pas ce, cette, rectifie Franklin, d'un ton supérieur. Une Chinoise, toute jeune, toute belle, tout aguichante d'après ce qui m'a été rapporté. La maîtresse que Khoury hébergeait dans un studio du Victory Building. Balle dans la tête à bout portant. Si par capillarité le sang n'avait pas tâché la moquette du couloir, le pompier de l'étage n'aurait peut-être pas encore donné l'alerte et je n'aurais pas été appelé sur les lieux. La mort remontait à deux jours.

Arrivé à ce point de son récit, Pumpkin reprend son souffle. Bryce, sur un ton chaleureux, le relance :

– Si je comprends, la femme Giraldi a été embarquée de force par l'un de vos agresseurs?

– C'est une certitude, *sir*. D'après Teichner, le coéquipier de Primley, il s'est servi d'elle comme d'un bouclier.

Il se rengorge, Pumpkin. Il a la vedette. Sa face de lune s'éclaire tandis que sa main droite replace le carnet qu'il n'a pas consulté dans la poche de son uniforme. La question de Jefferson qui a exhibé une photographie de son portefeuille le tire de son euphorie :

– S'agit-il bien de cette femme-là?

Pumpkin s'empare du cliché, fronce le sourcil, l'écarte de sa vue, le rapproche, relève la tête. Il me paraît tout d'un coup moins enthousiaste qu'il y a deux secondes. Serait-ce parce qu'il n'éprouve pas plus de sympathie que moi à l'égard des gens de la DEA? Son visage se ferme, son regard se durcit :

– Comment voulez-vous que je le sache? Vous ai-je dit que j'étais sur les lieux? Non? Alors! Si vous avez un double de la photo, je pourrais au moins le montrer à Primley... Quand les toubibs me laisseront lui parler.

L'échalas Olexa arrive à la rescousse.

– Ça ne nous donnera rien de plus, puisque la femme de Giraldi a disparu. Vos hommes n'auraient jamais dû la laisser filer... Un témoin de cette importance!

L'œil de Pumpkin s'arrondit de surprise, son teint s'empourpre davantage.

– Vous parlez comme un livre! éructe-t-il. Si ce témoin était aussi important, pourquoi ne l'avez-vous pas localisé plus tôt? Je n'ai pas trouvé trace, aux archives, d'un quelconque avis de recherches concernant la femme Giraldi. Vous ne deviez donc pas y tenir beaucoup...

Il adresse un signe de connivence à Sullivan, avant de conclure :

– ... A moins que vous ayez voulu travailler en douce, à l'insu de vos petits camarades, comme d'habitude. J'en ai terminé, monsieur le Supervisor.

Olexa ne relève pas l'ironie du ton. Moi, par contre, je me demande ce que je suis venu faire dans cette galère. A force de me triturer les méninges, je finis par en déduire que, jusqu'alors, il n'y a eu aucune allusion sur la mort accidentelle de Violaine Sénéchal!

Comme s'il lisait dans mes pensées, James Bryce reprend :

– Une chose est certaine : les meurtres dont il vient d'être question et l'arrivée sur le marché d'une héroïne rose de provenance asiatique sont liés.

Il se tourne vers moi, hoche la tête.

– Une « rose » extrêmement toxique, comme je vous l'ai déjà expliqué, a provoqué une épidémie d'empoisonnements par overdose, dans le show-biz et parmi les étudiants de Berkeley ou d'UCLA...

Enfin, nous y voilà ! Pour la première fois depuis le début du repas, je commence à entrevoir la raison de ma présence au Fleur de Lys.

– Nous avons entre nos mains un homme qui est au centre de cette affaire, poursuit le Supervisor. Cet homme, Dominique Giraldi, a été arrêté en possession de plusieurs kilos d'héroïne, à proximité de la demeure de Khoury, à La Jolla. Curieux, non? J'aimerais bien, par conséquent, que nos amis de la DEA nous fournissent quelques éclaircissements sur cette arrestation.

Olexa et Jefferson se gardent de répondre sur-le-champ. La question reste suspendue au-dessus de leur tête, comme une épée. Leur visage demeure fermé.

– Si ma demande vous gêne, je n'insiste pas, émet Bryce. Je croyais que nous étions tous d'accord pour une collaboration franche et entière...

– Ralph Khoury nous a donné une petite information, murmure enfin Olexa. Je l'ai exploitée...

– Je ne vous le reproche pas, dit Bryce, au contraire. Vous aviez coincé Khoury, vous lui avez mis le marché en main, et il vous a refilé Giraldi pour se couvrir, c'est normal. J'aurais aimé être au courant, mais peu importe. Pourtant, j'ai comme l'impression que votre combinaison n'a pas eu les résultats escomptés. Je me trompe ou non?

Les deux hommes se regardent sans répondre. Quelques sourires viennent discrètement saluer la tirade de James Bryce qui reprend :

– J'ai chargé Sullivan de prendre contact avec Giraldi, au pénitencier de San Quentin.

Instinctivement, mon regard se porte sur le visage bosselé du Special Agent dont le moins qu'on puisse dire est que la diplomatie ne doit pas être son fort.

– Un mur! grommelle Sullivan, une moue de déception aux lèvres. Impossible d'en tirer quoi que ce soit! Respect de la loi du Milieu, ou peur de représailles, je n'en sais rien, mais il ne faut pas compter sur sa collaboration! Sa femme a dû être enlevée pour le faire taire.

– Justement, coupe Bryce. Avec Baker, un ancien de chez nous, nous avons pensé à quelque chose. Monsieur Borniche est français. Il est, lui aussi, ancien policier, donc un habitué des interrogatoires. Il pourrait essayer, sous un prétexte quelconque, d'entrer en relation avec Giraldi. Monsieur Curtis, à qui je me suis ouvert de ce projet, faciliterait son entrée à San Quentin. Ainsi, nous mettrions les chances de notre côté et monsieur Borniche recueillerait peut-être des informations sur le dossier qui l'intéresse...

Elémentaire, mon cher Bryce! Dès lors, le tableau n'a plus rien d'embrouillé. Les morceaux du puzzle viennent de s'assembler d'un seul coup. Quand on est flic, que l'on a comme soutien la machinerie policière et judiciaire, on peut tout se permettre! Sonder, triturer, interroger quand et comme l'on veut sans que personne, surtout pas les truands, y trouve à redire. Quand on n'est rien, ni officiel ni privé, le problème est différent. On ne peut compter que sur la débrouillardise. Or la débrouillardise, dans le cas Giraldi...

J'ai du mal à réprimer une grimace. Bryce et Baker ont tendance à m'accorder leur crédit un peu trop rapidement. Je comprends maintenant pourquoi le téléphone a vibré tôt, ce matin, à la tête de mon lit.

– Vous me faites beaucoup d'honneur, dis-je, mais où Dick Sullivan a échoué, je ne vois pas ce que je pourrais obtenir. Ce n'est pas parce que nous sommes tous deux français que Giraldi va me faire des confidences...

– Tentez toujours le coup, dit Baker. Les irrécupérables n'aiment pas être appelés au parloir. Mais si vous étiez un parent de passage, par exemple, ou mieux, un attaché de votre consulat désirant converser avec un ressortissant français, aucun taulard n'y trouverait à redire. Et puisque monsieur Curtis est d'accord, c'est à mon avis une occasion à ne pas laisser passer.

Je hoche la tête sans répondre. Durant quelques secondes, je subis le tir croisé des regards. Celui de Pumpkin, amical, encourageant, celui de Bryce, faussement détaché, celui des hommes de la DEA, dubitatifs et réprobateurs. Le plan du Supervisor ne leur convient pas, c'est visible.

Peut-être sont-ce ces regards-là qui m'ont poussé à accepter.

13

San Francisco, 14 janvier.

Paralysé par la faiblesse et les tuyaux de transfusion sanguine, l'agent Primley se raidit en voyant entrer le lieutenant Franklin dans sa chambre du Medical Center. Il lève son bras gauche valide mais le mouvement est si douloureux qu'il ne peut retenir une grimace.

– Bougez pas, mon vieux, balbutie Pumpkin, bouleversé. Comment vous vous sentez?

La voix parvient au blessé à travers un brouillard. Il se mord la lèvre inférieure avant de murmurer :

– Pas fort, lieutenant. Ça me tire de partout. Teichner?

Bill Franklin hausse une épaule :

– Ça va. Ne vous en faites pas pour lui. Je suis venu l'autre jour vous féliciter pour le travail que vous avez fait mais vous n'étiez pas visible. Vous avez descendu une fieffée canaille, mon vieux. On l'a identifiée par les empreintes. Et l'autre, vous vous en souvenez?

Primley retient une nausée, la transpiration perle au-dessus de sa lèvre. Son visage creusé, entouré de bandelettes, semble encore plus ravagé par cette immobilité de cire.

– Parlez bas et lentement, conseille Pumpkin qui ressent une certaine frayeur.

Les paupières de Primley battent. Il ouvre les yeux, soulève faiblement sa main.

– Grand, souffle-t-il. Brun, la peau mate... Ça a été vite...

Il laisse retomber sa main. Pumpkin s'approche un peu plus du lit, place son oreille près de la bouche du blessé, espérant recueillir quelques informations de plus. En vain. Primley n'en peut plus.

« C'est le sort qui nous attend tous dans ce métier, pense Franklin. On intervient pour un banal contrôle d'identité et on se retrouve avec une balle dans la tête ou paralysé à vie. » Il se voit lui aussi étendu sur un lit d'hôpital, luttant pour sa propre existence, et un violent désir de vengeance le submerge.

– Il n'est pas en état de parler, intervient l'infirmière. Ne pourriez-vous pas revenir dans quelques jours ?

L'officier se redresse, se tourne vers elle.

– J'avais besoin de quelques renseignements pour mon enquête, mais vous avez raison, dit-il, je reviendrai. Au revoir, fiston...

Il presse la main du blessé qui, au prix d'un pénible effort, fait comprendre qu'il a quelque chose à ajouter. Pumpkin capte le sifflement de la respiration difficile, serre les mâchoires d'émotion.

– ... Il s'appelle... Giuseppe... c'est comme ça... que le petit lui a dit que... j'étais là... quand il est sorti... avec la femme devant lui... du rideau...

Primley ferme les yeux, épuisé par l'épreuve.

***

Dominique Giraldi se recroqueville d'instinct sur le bat-flanc de sa cellule lorsque la trogne rougeâtre de Broderick s'incruste entre les barreaux de la grille. Il est mal en point, Doumé, au huitième jour de la punition que le gardien-chef lui a infligée au motif de coups et blessures portés sur un visiteur de bonne foi. Huit jours avec pour seule nourriture une boule de pain, un morceau de corned-beef blanchi dans une soupe d'eau de vaisselle et un litre d'eau...

– Parloir, *Frenchie*.

Giraldi se redresse mollement. Qui pourrait lui rendre visite en ce froid début de matinée, à part Sullivan-l'entêté dont l'œil, la voix et le ton des dernières visites ont révélé un tout autre homme que le cauteleux et pondéré Fédé des premières rencontres ? Ferrus aura dû aller se plaindre au FBI. Sans doute Sullivan pense-t-il avoir trouvé une nouvelle occasion d'exercer le chantage qui ne lui a pas trop bien réussi jusqu'alors...

– J'ai dit parloir, *Frenchie*. Ça vient, oui ?

Dominique s'arrache à la couverture de laine brune frappée aux initiales P.S.Q. du pénitencier de San Quentin, s'ébroue, passe les doigts dans sa chevelure hirsute.

– Si c'est pour Ferrus que vous me sortez du trou, je n'ai rien à dire, maugrée-t-il.

Broderick, la lippe mauvaise, fait claquer son trousseau de clés sur un barreau et rugit :

– Rien à foutre de tes considérations ! Le directeur veut te voir et tu le verras, compris ?

– Qu'est-ce qu'il me veut, le directeur?

– Si on te le demande, tu diras que tu n'en sais rien. Allez, sors de là.

Dominique Giraldi franchit le seuil du cachot, pièce étroite sans fenêtre et sans lumière, attend que le gardien en verrouille la porte, lui emboîte le pas dans le long et sombre couloir sur lequel ouvrent des cellules semblables à des cages de ménagerie sauf que, derrière les montants d'acier poli, vivent des fauves doués de raison.

Il titube de faiblesse en gravissant les marches de l'escalier qui mène au rez-de-chaussée, avance avec maladresse, les jambes molles, dans son pyjama rayé de puni. La porte du quartier G franchie, la lumière extérieure lui brûle les yeux. Doumé baisse les paupières, les soulève à nouveau pour s'habituer. La traversée de la cour jusqu'au bâtiment central lui paraît interminable. Enfin, il se fige devant la porte directoriale que Broderick entrouvre avec respect, après que le voyant lumineux branché sur le chambranle est passé du rouge au vert.

A l'entrée de l'immense bureau dont les fenêtres grillagées donnent sur une pelouse ombragée, face au bleu de la baie de San Francisco, le gardien-chef écarquille les yeux de surprise. Seul un homme grand et brun, avec un long nez, occupe la chaise du patron. « Une huile du Department of Justice chargée de recueillir les doléances du prisonnier », pense Broderick, qui sent un frisson désagréable lui escalader l'échine. « Pourvu que Giraldi ne me casse pas trop de sucre sur le dos! »

– Monsieur le directeur m'a demandé de lui conduire le matricule 13.712, dit-il, servile. Il va revenir, sans doute?

Je désigne un fauteuil à Giraldi qui préfère demeurer debout. Il m'épie. Malgré sa semaine de cachot, il reste un client difficile. Un dur sur lequel Sullivan s'est cassé les dents.

– Le directeur doit nous rejoindre, dis-je au gardien d'un ton assuré. Vous pouvez laisser le détenu. On vous préviendra pour le récupérer...

Je le sens réticent, partagé entre la discipline et une sorte d'étonnement méfiant :

– Je ne sais pas si je dois... Je n'ai pas l'honneur de vous connaître...

– Moi non plus, mais là n'est pas la question, dis-je, conciliant. Si je suis ici, c'est pour une raison précise, en plein accord avec monsieur Curtis. Je n'ai pas pour habitude de jouer les squatters.

Pourquoi, à cet instant, ai-je l'impression fugace, indéfinissable, que mon propos crée chez le surveillant-chef un certain malaise?

– Cet individu est dangereux, affirme-t-il. Il a même frappé son avocat. Monsieur le directeur le sait...

– Soyez tranquille, il ne me fera pas de mal, dis-je. Je suis chargé des questions juridiques au Consulat de France et tout se passera bien. Je vous fais signe dès que je n'ai plus besoin de lui.

Le gardien tourne les talons, à demi rassuré. La porte refermée, j'apostrophe Giraldi d'une voix que je veux douce, en abandonnant le vouvoiement.

– Je vais être franc avec toi, Dominique. Je ne suis pas plus attaché consulaire que tu es innocent dans ton affaire de came. Je suis flic. Je sais que les paroles de flics sont assez mal reçues par les gens du Milieu, mais il y a quand même parfois des arrangements avec le ciel.

J'interromps mon laïus d'entrée en matière. Giraldi n'a pas bronché. Il ne s'est pas assis. Il se contente de me fixer, un point c'est tout. Il a même l'air d'être ailleurs. Je reprends, sur le ton de la plaisanterie :

– Le gardien a raison. Tes performances en matière de cassage de gueules sont notoires : un Noir aux douches, un avocat au parloir... Tu aurais dû faire carrière chez les poids moyens...

Il ne s'émeut pas, Giraldi ! J'ai le sentiment de parler au « mur » de Sullivan. Mais un flic ne doit-il pas être d'un flegme à toute épreuve ?

– Voilà ce qui m'amène, Dominique. Tu as reçu des visites, forcément intéressées, et tu as gardé le silence sur tes activités, tes relations et tes domiciliations successives. C'est de bonne guerre. A toi de cacher, aux flics de savoir, disent les truands. N'empêche que ton attitude t'a fait prendre vingt ans de taule et que si tu ne fais pas un effort, tu risques de ne pas respirer l'air libre avant un bon bout de temps. C'est parce que tu as été balancé que ton expédition à La Jolla s'est mal terminée. Tu as compris ça, je suppose ?

Rien à faire. Giraldi reste de marbre. Plus mon regard se fait aimable, plus le sien devient froid. Il est aux aguets, tendu. Sans le quitter des yeux, je tire de ma poche une photo de Khoury, œuvre d'un artiste photographe du Department of Police. L'homme est étalé entre deux tombes du pittoresque cimetière attenant à l'église de bois et d'adobe de Mission Dolores, le quartier hispanique de San Francisco, le crâne fracassé, la bouche béante dans un dernier rictus, les deux bras et les deux jambes détachés du tronc. Les vêtements sont souillés de sang et de terre. Je pose la belle image sur la table, sous le nez du Corse. Je perçois un léger frémissement des narines.

– Tu le connaissais, ce Khoury?

Enfin les lèvres s'ouvrent. Il va parler. Il parle :

– Pas du tout.

– Oh!

– Pas du tout, je vous dis.

– Tu as pourtant été piqué pas très loin de chez lui, avec quelques kilos de came dissimulés dans ta Porsche de location. C'était un ponte de la distribution, Khoury, à ce qu'on m'a dit...

Je continue à jouer les décontractés souriants. J'attends une réponse. Puisqu'il a prononcé quelques mots, le reste doit venir. Je connais cette suite logique. Eh bien, non! Je n'ai droit qu'à un mouvement négatif de la tête. Me voici revenu au point zéro. Dissimulant mon exaspération, j'en remets dans le calme.

– Si tu étais à ma place, ça ne te semblerait pas bizarre d'avoir été interpellé sur le chemin de sa propriété, dans un coin aussi isolé? Avoue que ton alibi de promenade touristique, tel que tu l'as raconté aux types de la DEA, c'est dur à avaler. Ils ne t'ont d'ailleurs pas cru, pas plus que le juge... Mais si tu ne connaissais pas Khoury, la question ne se pose plus... Dommage qu'il ait payé de sa vie une malheureuse coïncidence!

J'ai surpris un battement de paupières. C'est mieux que rien. Il me faut maintenant attaquer deux points sensibles : sa femme, ses amis.

– Tu fumes?

J'ai sorti un paquet d'américaines et des allumettes que je lui tends. Il en prend une, me rend le paquet.

– Garde tout, voyons...

Sa tête s'affole, de droite à gauche.

– Pas possible. On est interdit de tout, au mitard : lecture, promenade, parloir. Même de la messe. Ça je m'en fous. Les curés, ça n'a jamais été mon fort...

– Pas les visites, tout de même? Celles de ta femme par exemple?

Le visage se contracte. Je viens d'ouvrir une brèche. Je profite de l'avantage :

– Quand j'étais en activité, il m'arrivait d'extraire des détenus, de les emmener dans mon bureau de la rue des Saussaies où je les laissais quelques moments en tête à tête avec leur femme...

– Pour qu'ils vous balancent une affaire, coupe-t-il sèchement. Je n'en suis pas là, merci...

Il se laisse enfin choir sur le fauteuil en face du bureau.

– Un flic a bien le droit d'être humain et compréhensif, non?

Il hausse les épaules.

– Ça m'étonnerait. Vous vouliez savoir si je connaissais Khoury, je vous dis non et on reste là-dessus.

Nouveau recul. Le policier, pour les truands, c'est l'ennemi héréditaire. J'ai beau jouer le type sympathique, ouvert, accommodant, je reste le flic. Donc l'ennemi. Je décide de changer de braquet.

– J'ai connu dans le temps un certain Buttafoco, dis-je, à brûle-pourpoint. Antoine Buttafoco. Il était originaire de Zonca. Buttafoco, c'est le nom que tu avais lorsque tu as été arrêté...

– C'était mon oncle, le frère de ma mère...

– Qui a été piqué aux États-Unis pour une histoire de vendetta. Il s'en est bien sorti aux assises de Bastia où j'étais allé témoigner en sa faveur.

Un temps, puis :

– Si tu es compréhensif, ici aussi je peux faire quelque chose pour toi. T'obtenir une réduction de peine par exemple.

Giraldi me regarde comme si j'étais fou, ou simplement inconscient au point de croire pouvoir dicter ma loi aux autorités américaines qui l'ont condamné. Sans doute retient-il la première solution, puisqu'il ricane :

– J'ignore si vous avez témoigné en faveur de mon oncle mais à moi, vous paraissez être un drôle de rigolo. Vous vous appelez comment, d'abord ?

– Borniche, si mon nom peut avoir de l'importance. J'ai quitté la boîte et j'écris des livres. Satisfait ?

D'autorité, je lui colle sous le nez la carte d'identité professionnelle que l'administration m'a octroyée à ma cessation d'activité. Il y jette un coup d'œil, me dévisage, le sourcil levé.

– C'est pourtant vrai, murmure-t-il après avoir comparé la similitude de la photo avec mon visage. L'oncle nous avait parlé de vous. Vous aviez été fair-play...

– Donc pas si rigolo que ça, dis-je en empochant mon porte-cartes. Quand je prétends pouvoir t'obtenir une réduction de peine, je ne plaisante pas.

– Ouais... Mais moi qui ne crois pas aux miracles, encore moins aux poulets, je vous dis que la chansonnette, il vous faut aller la pousser ailleurs.

Il résiste, Giraldi. Je le crois pourtant ferré. La preuve, c'est qu'il a commencé à écouter, à répondre, à douter. Il ne veut pas montrer que je l'intéresse, mais il ne peut cacher son anxiété. En tout cas, le Corse est sur le qui-vive. La fumée de sa cigarette qui s'échappe par à-coups de sa bouche et vacille dans l'air frais de la pièce en est la preuve.

Je le laisse à ses méditations tandis que mon regard se pose sur le portrait du Président des États-Unis, coincé entre deux rayonnages garnis d'ouvrages aux reliures rouge et or. La fumée et la poussière en ont légèrement affadi les couleurs. En revenant à Giraldi, je perçois un craquement derrière la porte du bureau. Je demeure un instant immobile, l'oreille tendue. L'ouïe fine, la vue perçante et une bonne mémoire sont, pour le policier, des atouts-maîtres.

Aussi silencieusement que possible, je me dirige vers la porte, et l'ouvre brusquement. Sur le palier, le gardien-chef, gêné, a tenté en vain de faire un bond en arrière.

– Vous écoutez aux portes? dis-je, mécontent. Je croyais que vous aviez regagné le quartier G.

L'homme fait volte-face, l'air si indigné que ses joues en paraissent plus cramoisies encore :

– Avec le respect que je vous dois, j'ai autre chose à faire que de vous espionner!

– On ne dirait pas puisque vous aviez l'oreille collée au panneau.

– J'étais revenu voir si vous ne couriez aucun danger avec cette crapule de Giraldi. C'est bon, je m'en vais...

Avec une moue de mépris, le surveillant

s'éloigne en direction de la cour. J'attends que sa massive silhouette soit hors de ma vue pour réintégrer le bureau.

– Il n'a pas l'air de t'aimer des masses, le gardien, dis-je à Giraldi. Je ne sais pas ce que tu lui as fait...

– Broderick? Rien. C'est une ordure. Il a essayé de me faire étrangler par un Noir à la salle de douches et c'est moi qui ai payé l'addition au cachot...

– Qu'est-ce que tu vas chercher là?

– Vous me croyez ou vous ne me croyez pas. Ce Noir est détenu dans un bloc séparé. Venir à nos douches est donc impossible s'il ne bénéficie pas d'une complicité interne. Je suis persuadé que Broderick lui a assuré le passage. Un de ces matins, je vais lui voler dans les plumes. Tant pis pour ce qui arrivera, au point où j'en suis...

– Ton avocat est au courant?

– Ferrus? Je suis sûr qu'il est en cheville avec Broderick. Le Noir, c'est Larry Browman, l'un de ses anciens clients. Drôle de hasard, pas vrai? Si je lui suis rentré dedans, c'est parce qu'il n'a pas été régulier avec moi. C'est à cause de lui que ma femme a disparu.

Le regard de Giraldi s'est voilé. Je questionne :

– C'est-à-dire?

– Rien...

– Si! Tu es inquiet, ça se voit. Inquiet et impuissant... Je vais te confier une chose, Dominique. La fille d'un ami français est morte à Berkeley d'une overdose de rose, une héroïne frelatée. C'est pour cela que j'enquête. Tout ce que tu pourrais me dire sur le trafic de la rose serait susceptible de diminuer ta peine. C'est comme ça aux USA. Des tas de truands ont pensé à leur intérêt au lieu de finir leurs jours en prison. J'étais flic officiel, je suis devenu privé occasionnel. Un collègue américain travaille avec moi. S'il y a des choses que tu ne veux pas dire aux officiels, tu peux me les dire à moi. J'ajoute que si ma femme avait disparu, je ne reculerais devant rien pour la retrouver...

– Même à trahir vos amis?

– Tout dépend de ce que tu entends par amis. L'amitié dans le Milieu, je n'y crois pas. Un jour ou l'autre, les Fédés ou les agents de la DEA arriveront au résultat qu'ils recherchent. Avec ou sans toi. Alors tu ne bénéficieras plus d'aucune clémence. Réfléchis.

Les poings de Giraldi se serrent.

– Je ne suis pas un donneur, si vous voulez savoir.

– Ce n'est pas être donneur que de filer des tuyaux sur le grand Giuseppe...

L'étonnement marque ses traits.

– Quel Giuseppe?

– Comme si tu ne le savais pas! Celui qui a enlevé ta femme au Comedia Palace, voyons. Et qui a flingué un agent du San Francisco Police Department en prime!

Dominique Giraldi passe la main sur son menton, serre les mâchoires.

– Je vois que vous en savez pas mal. Qu'est-ce que vous diriez si on passait un marché tous les deux, en souvenir de l'oncle Antoine?

– Ça dépend lequel.

– Vous me ramenez Isabel et je vous donne un coup de main.

– Quel genre?

– Je vous aide à retrouver Giuseppe.

– Et les fournisseurs de blanche par la même occasion...

Le regard de Giraldi se durcit.

– Je ne les connais pas. La marchandise était dans la Porsche pour être livrée à Khoury, c'est tout ce que je sais...

– Khoury que tu ne connaissais pas tout à l'heure!

Les épaules se soulèvent.

– Il est mort, on n'en parle plus. Vous me retrouvez Isabel et après on discute...

– Et si on ne la retrouve pas?

– Vous serez venu pour rien. C'est parce que vous avez été chouette pour mon oncle que je vous fais une fleur. Mais rien aux Fédés ni aux voyous de la DEA qui m'ont mis la tête au carré! Je ne veux pas avoir affaire à eux.

Je dissimule ma joie intérieure sous un masque impassible. Ce n'est peut-être pas grand-chose, le marché que je viens de conclure, mais comme disait mon ancien patron de la Sûreté nationale : « avec un début, on arrive à des fins ».

Mes nerfs sont quand même tendus lorsque je demande :

– Comment puis-je mettre la main sur Giuseppe sans faire de casse? Je dis ça pour Isabel...

Giraldi hoche la tête à plusieurs reprises.

– Par Ferrus. Ils se voient ou se téléphonent de temps à autre.

– Bien. Au fait, c'est Giuseppe comment, déjà?

Giraldi ne tombe pas dans le piège. Il sourit et secoue la tête négativement.

– ... Quand vous aurez retrouvé Isabel.

– Tu ne m'aides pas beaucoup, Doumé.

Le Corse hausse les épaules dans un geste fataliste.

– Je n'ai qu'une vie, inspecteur...

L'oppression de l'univers carcéral se dissipe alors que je me dirige vers la sortie du pénitencier. Le pavé est gras. Un fourgon cellulaire, moteur tournant et porte grillagée ouverte, déverse une cargaison de prisonniers entre deux rangées de gardiens armés de fusils à pompe. Là-haut, dans son mirador aux vitres teintées, un agent surveille les opérations.

Mon entretien avec Giraldi ne m'a pas appris grand-chose mais, au moins, le marché est clair. Un marché dont sa femme Isabel est désormais l'enjeu...

Je pousse la porte de la salle de réception, exhibe au gardien le permis de visite dont le directeur m'a fait bénéficier, m'apprête à rejoindre le parking. Au moment où j'introduis la clé dans la portière de ma voiture de location, le gardien-chef Broderick surgit d'une contre-allée.

– Je m'excuse pour mon indiscrétion de tout à l'heure, dit-il d'un ton gêné, mais je me méfie tellement de Giraldi... Il ne vous a pas menacé, au moins ?

– Pas du tout.

– J'étais revenu pour vous protéger le cas échéant. Une forte tête, vous savez. Qui nous en fait voir de toutes les couleurs.

J'acquiesce du chef en ouvrant la portière de la Chrysler.

– Puisque vous le dites !

– Vous reviendrez le voir ?

– Ça dépend. Pourquoi ?

L'œil se fait complice, la voix baisse d'un ton :

– Allez, vous pouvez me le dire, je vous vois plus du FBI qu'attaché consulaire.

– Qu'est-ce qui vous fait penser ça ?

– Votre façon de dévisager et de poser les questions.

Sûrement une leçon à méditer.

Troisième partie

LA GUERRE DES POLICES

14

San Francisco, 14 janvier.

Inquiétant dans son costume de gabardine noire, la main droite serrée, au fond de la poche, sur la crosse du pistolet, Giuseppe Foata quitte son discret domicile de Moraga Street qui unit la Ocean Beach à la 19e Avenue. Il marche à grandes enjambées, ses yeux fouillant les environs comme des radars, derrière le verre teinté de ses lunettes. Il pénètre à l'intérieur de La Pasta, restaurant italien où il a ses habitudes et, ignorant le salut du patron et la courbette de l'hôtesse, se faufile jusqu'au fond de la salle, entre les tables bruyantes.

– Nous serons deux, dit-il au garçon efféminé qui se précipite pour prendre la commande. Mon invité ne va pas tarder.

Sa main ne quitte un bref instant la crosse de son arme que pour sortir un paquet de cigarettes. Il l'aime bien son Colt 11.43, le Napolitain. C'est une arme sûre que Pascal Guettaro, l'associé de Medioni, lui a offerte il y a déjà quelques années, au retour d'une promenade en Ferrari. Le silencieux qu'il y a adapté étouffe totalement le bruit des détonations. Un bijou précis, maniable.

Giuseppe allume une cigarette, expédie au-dessus de lui des cercles de fumée, symboles d'argent. De l'argent, il va en recevoir tout à l'heure, lorsque Pascal le rejoindra dans ce restaurant de San Francisco où ils se sont donné rendez-vous, de l'argent en récompense du travail efficace de ces derniers jours.

– Si tu nous supprimes Khoury et le Chinetoque, si tu retires de la circulation la môme Isabel, tu n'auras pas à te plaindre, lui avait confié Guettaro lorsqu'il l'avait joint à Rio, du bureau de poste de Mission Street.

Giuseppe s'était révélé un parfait exécutant. Il ne s'était pas creusé la cervelle pour connaître les raisons de la haine subite du tandem Medioni-Guettaro contre le Libanais, le Chinois et Giraldi. Tout se serait à peu près bien passé si le prétentieux Rubio n'avait laissé sa peau dans l'expédition! Toujours plus malin que les autres, le nabot Jésus. Qu'importe. Les meurtres du Comedia Palace n'avaient pas manqué d'être exploités par les journalistes de la presse écrite et parlée. Foata s'était délecté en écoutant leurs analyses confuses et contradictoires, alors que la simple vérité tenait en quelques impacts de ce 11.43 qui ne le quittait jamais. Un point restait néanmoins obscur : comment et par qui les flics avaient-ils été avertis de sa présence dans la chambre d'Isabel? Jusqu'alors, tout s'était déroulé selon le plan fignolé. La fille ne devait pas faire le poids, face à deux hommes résolus. Mais un grain de sable avait grippé l'engrenage. Il lui avait fallu sauver sa peau tandis que Jésus s'écroulait sous les balles du flic, et quitter les lieux plus vite que prévu avec Isabel qui se débattait et hurlait, alors que tout aurait pu se passer en douceur. L'alerte provenait de la propriétaire du motel, une vieille catin couveuse de chats. Elle ne perdrait rien pour attendre, celle-là. Exit, la mère Simpsons. Dès qu'il en aurait le temps... Exit comme Khoury et le Chinois. Lorsqu'il lui aurait définitivement fermé la bouche, le dernier témoin de la fusillade du Comedia aurait disparu...

Giuseppe a un rictus de mépris, au moment même où le fringant Pascal le rejoint à sa table, à vingt et une heures précises.

Les aiguilles de sa montre indiquent vingt-deux heures quarante lorsque le Napolitain règle l'addition. Le Valpolicella a rosi ses pommettes, son regard brille. La somme qu'il a reçue en récompense de ses bons et loyaux services lui met du baume au cœur, et les faux papiers au nom de Manuel Alancio que Guettaro lui a apportés confortent son optimisme. Si les choses tournent mal ici, ils lui garantiront une relative impunité, le temps de franchir la frontière.

Prétextant un rendez-vous d'affaires, Guettaro l'a quitté, un peu trop rapidement à son gré.

– Tu sais où me toucher? a-t-il dit. Au Sherman House, sur Green Street. Le 563.3600.

Giuseppe, rêveur, a grillé une nouvelle cigarette puis s'est décidé à abandonner sa table. Il prend à pas lents la direction de Moraga Street, traverse la 19e Avenue que zèbrent de blanc les phares des voitures. Un jeune gay aux cheveux décolorés le racole sans vergogne, essayant de le retenir par le bras. Giuseppe se dégage d'un mouvement d'épaules.

– Casse-toi, salope, ou je t'écrase les miches à coups de pompe...

Paisible, mais méfiant, il s'engage dans Moraga Street, atteint le portail de son domicile, compose le code d'entrée. En attendant l'ascenseur, il s'amuse à caresser à nouveau la crosse du Colt, Guettaro lui a reproché de ne pas s'en être débarrassé.

– Souvenir, a rétorqué Giuseppe. On ne peut pas quitter comme ça ses souvenirs...

– Qui sont malheureusement compromettants. Ils ont signé les douilles en trois endroits différents.

– Encore faudrait-il pouvoir mettre la main sur leur propriétaire. Et ça, ce n'est pas demain la veille!

L'ascenseur dépose Foata au quatrième étage du condominium. Il parcourt une vingtaine de mètres sur le toit cimenté, parvient devant l'un des trois penthouses dressés sur le faîte de l'immeuble, introduit sa clef dans la serrure.

Durant quelques secondes, le Napolitain suspend son geste, indifférent à l'air glacé de la nuit. Décidément, il est trop tôt pour rentrer. Surtout un soir comme celui-ci où les dollars de Guettaro gonflent la poche intérieure de sa veste. Dommage que Pascal ait été aussi pressé. Lui, Giuseppe, aurait pu l'entraîner dans une de ces boîtes de nuit de Polk Street où les filles, plus jolies les unes que les autres, ne se seraient pas fait prier pour leur octroyer leurs faveurs, surtout à la vue de quelques billets verts. Voilà trop longtemps qu'il joue les ermites pour garantir sa sécurité et celle des opérations qui lui ont été confiées!

Demain dimanche, il sortira sa jeep du parking et il prendra la route de Wilderness, un trou perdu de la Sierra Nevada, pour voir comment la belle Isabel Giraldi supporte sa claustration chez les Gimenez, des Chicanos répugnants, peut-être, mais d'une fidélité garantie par un solide pactole de dollars.

Puis il s'occupera sérieusement de cette chère Gloria Simpsons. Au lacet, pour changer. Mais demain est un autre jour...

***

Depuis quarante-huit heures, je ressasse sans pouvoir m'en rassasier les propos de Giraldi. « Broderick, une ordure qui a essayé de me faire étrangler par un Noir détenu dans un bloc séparé, client de mon avocat. Il lui a assuré le passage. Ferrus? Il est en cheville avec Broderick. C'est à cause de lui que ma femme a disparu... »

Quand, à mon retour de Frisco, j'avais répercuté à Baker venu me chercher à l'aéroport les soupçons du Frenchie, il m'avait lancé un regard stupéfait, manquant de peu l'arrière d'un poids-lourd.

– Il vous a dit ça?

– Authentique.

Il avait gardé le silence quelques secondes puis, après un brusque coup de volant qui avait amené la Jaguar sur la file de droite de la Freeway :

– On le connaît, au Bureau, le Ferrus, avait-il affirmé. C'est l'avocat de la Mafia. Quand il était au Bureau d'ici, Bryce l'avait déjà dans le collimateur, sans jamais pouvoir le coincer! Toujours à la limite de la légalité. Broderick, ça ne me dit rien. Je demanderai son pedigree à Curtis et tâcherai de savoir s'il est possible à un détenu de passer aussi facilement d'un bloc à l'autre que le prétend Giraldi.

Les pneus avaient crissé lorsque la Jaguar avait abordé un peu trop rapidement le virage du Wilshire. Le calme revenu, j'avais émis :

– Bryce m'a indiqué qu'il avait mis Ferrus sur écoute. Ce serait drôle qu'un coup de fil provenant de San Quentin lui ait été adressé, vous ne croyez pas ?

– Ou vice versa, *my friend* ! Je m'en occupe. Demain dix heures à mon cabinet pour faire le point.

Plus je réfléchis, plus une question m'obsède. Comment Giuseppe est-il parvenu à repérer la femme Giraldi ? Le lieutenant Franklin est formel : les déclarations de la propriétaire du motel ne peuvent être mises en doute. C'est elle qui a prévenu le sergent Teichner du comportement bizarre de sa locataire arrivée dans son établissement quelques jours seulement avant le rapt. Franklin a aussi interrogé l'employeur d'Isabel Giraldi. Il croit Mario Scorza trop soucieux de la rentabilité de son cabaret, le *Lovely*, pour se mettre mal avec les autorités policières. Alors ?

Alors, reste l'hypothèse de la « fuite » au pénitencier où Isabel avait laissé le numéro du motel. En découvrir l'adresse n'est qu'un jeu. Mais qui avait intérêt à le répercuter à Foata ? Et comment ?

Le nom de Broderick, dont le comportement ne m'a pas échappé, me revient sans cesse à l'esprit, comme une comptine. Je l'avais surpris l'oreille collée à la porte du bureau directorial. J'avais trouvé insolite sa présence à la sortie de l'enceinte et curieux ses doutes sur mon appartenance au personnel du Consulat. Mais un gardien-chef n'est pas cloué au standard téléphonique. Ce n'est pas son rôle de recevoir les messages. A moins que quelqu'un, à l'intérieur du pénitencier, lui ait transmis l'information...

La porte s'ouvre à la volée. Vêtu d'un survêtement, une serviette autour du cou, Baker fait une entrée en trombe.

– Déjà là, Rodger?

– J'arrive, dis-je.

Il balance la serviette sur un coin de bureau, se laisse choir dans son fauteuil, reprend son souffle.

– Cinq *miles* de footing ce matin, je suis crevé. Mais j'ai du nouveau. Ferrus est toujours l'avocat de la Mafia. Outre Giraldi, il a pour clients deux gros gangsters français: Medioni et Guettaro. Vous connaissez?

J'agite négativement la tête.

– Totalement inconnus.

– Bien. Je peux vous dire en revanche que vous avez du nez. Hier Bryce m'a fait parvenir un enregistrement intéressant. Cela ne lui a pas été facile de déchiffrer tant d'appels. Mais c'est un teigneux, James. Quand il est sur une affaire, il faut que ça pète ou que ça casse. C'est comme cela que l'on dit en France?

– A peu près. Il a capté quelque chose?

– Vous allez voir... Plutôt entendre.

Baker ouvre le tiroir de son bureau, en extrait une cassette qu'il dégage de son étui, la place dans le logement du magnétophone de la mini-chaîne stéréo placée sur une desserte. Puis il me dévisage, l'œil rieur.

– On y va?

Anxieux, j'attends. Son doigt enfonce la touche *play*. D'abord, un souffle, puis une sonnerie, une voix, enfin : « Maître Ferrus, mademoiselle... Bien sûr que je veux lui parler personnellement... »

L'index de Baker stoppe le déroulement de la bande.

– On continue? plaisante-t-il.

– Forcément... On ne sait pas qui téléphone à l'avocat.

– Vous allez le savoir, mon vieux...

La bande reprend son défilement tandis que Baker approuve chaque phrase d'un mouvement de tête : « ... Maître Ferrus? Broderick. L'ami que vous savez a écrit une lettre à sa femme. Je l'ai interceptée. Je vous la lis?

– Sûrement pas. Ce soir, sept heures, à mon cabinet. »

Raccroché.

A nouveau, l'index de Richard interrompt le déroulement de la bande.

– Qu'est-ce que vous dites de ça?

Je reste muet, pétrifié de surprise tandis qu'il sourit, hoche la tête et me lance, l'air roublard :

– J'ai mieux, Rodger. Un autre coup de fil de Broderick à Ferrus, une dizaine de jours plus tard. Le jour de l'agression commise dans les douches sur Giraldi, pour être précis. Écoutez.

Son doigt abandonne le bouton *pause* de l'appareil. La voix de l'avocat couvre celle de Broderick : « Alors?

– Ça n'a pas marché. Je vous explique...

– Pas le moment.

– Ce soir, alors, comme d'habitude? Parce que j'ai les coordonnées de la femme. A San Francisco. »

Un blanc. La respiration de Broderick s'accélère.

« C'est ça. Sept heures au bureau. »

La bande défile, muette, quelques secondes encore avant que ne retentisse le signal de fin de communication. Richard Baker en stoppe le déroulement, s'assure du réembobinage.

– Vous ne m'avez pas répondu, dit-il. C'est clair, non?

– Très. Maintenant nous savons qui a communiqué l'adresse du Comedia aux ravisseurs.

– Et nous savons aussi que nous sommes bons pour faire un saut à San Quentin!

– Encore?

– Comment, encore? La mariée est trop tentante pour ne pas être dépucelée... En l'occurrence, c'est Broderick qui va perdre sa virginité de loyal serviteur de la Justice. J'appelle Curtis pour qu'il nous ménage un rendez-vous pour demain matin à onze heures. Et je passe un coup de fil à Bryce. Je vois que votre tasse est vide. Vous voulez un autre café?

15

San Francisco, 16 janvier.

La Ford blanche et noire du lieutenant Franklin stationne sur l'aire du Medical Center, face à l'entrée principale. La matinée est fraîche. D'épais nuages se sont amoncelés au-dessus du Golden Gate, et le pont disparaît dans une brouillasse cotonneuse. Des employés courent, pressés de retrouver la chaleur bienfaisante des services.

Bill est d'une humeur de dogue. Hier soir, il commençait à préparer la voiture familiale pour le week-end dominical. C'est devenu un rite, chez les Franklin, de prendre la Highway 1 pour Carmel, de flâner dans l'ancienne colonie d'artistes où les trottoirs et la distribution du courrier à domicile n'existent pas, de chiner au sein des galeries d'art et de déjeuner sur la terrasse du *Pink Moter* qui leur offre une vue splendide sur la côte rocheuse. Et voilà que la voix du capitaine Moss a retenti dans l'écouteur du living.

– Il faut que vous soyez demain matin à neuf heures au Medical Center, Franklin. Les hommes de la DEA ont des questions à poser à Primley. Ils veulent aussi lui montrer quelques photos...

– C'est mon jour de congé, capitaine. Primley, c'est une affaire à nous...

– Je sais. C'est pourquoi Bryce tient à ce que vous assistiez à l'entretien. Ce genre de démarche un dimanche nous étonne l'un et l'autre. Je compte sur vous, Franklin : neuf heures devant l'entrée.

Bill a raccroché, furieux. Il connaît trop l'humeur du capitaine Moss pour enfreindre ses ordres. Pas question non plus de déplaire au directeur du FBI : il partira donc pour Carmel en fin de matinée et déjeunera sur la route, à Santa Cruz, par exemple, où madame Franklin a souvent apprécié la qualité du poisson.

Ce matin, Bill a endossé à contrecœur son uniforme de flic. A huit heures cinquante-cinq, histoire de montrer au capitaine Moss qu'il savait être ponctuel, il a signalé par radio sa position au Central. Ressassant sa hargne, il guette maintenant l'arrivée des agents de la DEA. Après tout, l'entrevue peut se révéler bénéfique. Malgré les appels à la collaboration de Bryce, les Narcos sont restés discrets, ces derniers temps. Peut-être Franklin pourra-t-il glaner au vol quelque information intéressante, pour lui-même ou, si par malheur elles dépassent le cadre de ses attributions, pour James Bryce. Les enquiquineurs de la DEA comprendront tôt ou tard que l'on ne traite pas avec une telle désinvolture le lieutenant de première classe Bill Franklin.

– Trois messieurs pour vous, monsieur Primley.

L'infirmière remonte le drap, range ses instruments de torture, après la piqûre matinale, et disparaît dans l'envol de sa blouse en nylon quelque peu transparente. Franklin-le-bougon n'est pas en état de profiter du spectacle. Primley encore moins. Il ne souffre pas mais il est mal en point. La piqûre ankylose ses jambes. Sa langue lui paraît énorme, soudée au palais. Sa vue se trouble par moments. Il perçoit la corpulence du lieutenant en uniforme noir, près du lit, la casquette à la main et, derrière elle, deux silhouettes floues, en costume gris.

Au cours de la visite de la veille, le chirurgien a laissé échapper devant ses assistants une phrase qui l'a inquiété : « Pas plus de trois mois. » Ces quelques mots ont résonné comme un glas. Que voulait-il dire ? Trois mois avant la guérison, ou avant de passer l'arme à gauche ? La question ne le quitte plus depuis cette nuit. Tout ça à cause du sergent. Il aurait dû faire preuve d'énergie, l'autre jour, quand Teichner lui a donné l'ordre de rouler vers Steiner Street. Refuser d'empiéter sur un secteur qui n'était pas le leur. Mais peut-on résister aux directives de son chef de patrouille, même si celui-ci a tort, quand on est récemment nommé dans le métier ?

La main de Franklin se pose sur son épaule.

– En forme aujourd'hui, fiston ?

Il a un pauvre sourire, lève le bras, le laisse mollement retomber sur la couverture. Son visage a perdu sa teinte crayeuse.

– Pas brillant, lieutenant. D'après le toubib, je n'en ai plus que pour trois mois.

Pumpkin se penche vers lui, de manière à ne pas le fatiguer :

– Avant de reprendre le service, c'est normal, fiston. C'est ce qu'il m'a pronostiqué quand je lui ai parlé l'autre jour. Vous pouvez lui faire confiance, c'est un crack ce toubib-là. Dans trois mois, les truands n'auront qu'à bien se tenir quand vous patrouillerez dans Frisco...

Primley le dévisage avec gravité.

– C'est vrai ce que vous dites là, lieutenant?

– Si c'est vrai? Sûr que c'est vrai. Le plus dur est passé... Les collègues qui m'accompagnent voudraient quelques précisions sur le type qui vous a tiré dessus, fiston. Mais si vous vous sentez fatigué, dites-le.

– Juste dix secondes, intervient Jefferson qui s'est à son tour approché du lit. Le gangster qui vous a blessé et qui a enlevé la femme Giraldi se prénommait bien Giuseppe, n'est-ce pas?

Primley cligne des paupières et garde un instant le silence.

– C'est ce que j'ai entendu et rapporté au lieutenant, finit-il par dire. Le petit lui a crié « La police, Giuseppe ». Je ne sais pas si c'est un vrai ou un faux prénom.

– Bien sûr, bien sûr... Est-ce que vous le reconnaîtriez si on vous montrait quelques photographies?

A nouveau, Primley lève le bras qu'il laisse retomber sur sa couche.

– Ç'a été si rapide... Je crois, oui... Un grand, brun, teint mat...

– Ce type ne vous rappelle rien?

Jefferson a tiré de sa poche une photographie d'identité dont l'angle droit inférieur porte une empreinte tronquée de cachet administratif. Il la présente au blessé.

– Ce cliché provient des Driver Licences. Nous l'avons fait agrandir. Est-ce que la physionomie de cet individu vous dit quelque chose?

Primley fronce le sourcil, examine le visage avec attention, jette un coup d'œil interrogatif au lieutenant Franklin, revient au cliché, lève enfin la tête.

– Je crois bien que oui, finit-il par dire. Même regard, même figure allongée... Ça alors...

Un sourire de victoire retrousse la lèvre de Jefferson.

– Ce n'est pas « je crois bien », c'est ça, dit-il. Nous avons reçu une information dont nous voulions être sûrs. Ce type est un Italien. Un tueur dangereux du nom de Foata. Un malin qui a toujours su échapper aux recherches... Vous voyez que nous n'avons pas fatigué longtemps votre collaborateur, lieutenant.

– Une chance, grommelle Pumpkin entre ses dents. C'est au titre de la drogue que ce Foata vous intéresse ?

– Et de meurtres, intervient Olexa qui, jusque-là, s'est contenté d'observer. Il en aurait plusieurs sur la conscience...

– A Frisco ?

– A Frisco et ailleurs. Merci, agent Primley. Et excusez-nous pour le dérangement, lieutenant.

– Pas de quoi, marmonne Pumpkin.

***

Enseveli sous la neige une partie de l'année, Wilderness dégouline de boue l'autre moitié. Ou alors, c'est une sécheresse tropicale qui cuit les bouses de bisons tout au long de la sente défoncée qui serpente au sein des éboulis de la Sierra Nevada.

Wilderness, le Désert, situé à l'écart des circuits touristiques, était autrefois un camp de chercheurs d'or, d'argent et de plomb. L'effondrement des cours, au début du siècle, allait en faire un village fantôme. En quelques années, les chutes de neige, les rafales de pluie et l'ardent soleil eurent raison des cabanes de planches ouvertes à tous vents. Les maisons de jeux qui servaient à écluser les filons, les saloons où les comptes se réglaient souvent à coups de Colt, ne sont plus que souvenir. Les ours, les coyotes, les chevreuils, les écureuils et les aigles ont remplacé les aventuriers d'antan.

Pourtant, dans ce paysage de bout du monde, quelques baraques montées sur pilotis ont résisté aux intempéries. Elles servent d'abri et de grange à un couple de Mexicains qui n'ont ni la noble rudesse des montagnards, ni la bonhomie gouailleuse des habitants de la plaine. Ils végètent là, aigrement, en porte à faux, retranchés d'un monde qu'ils ignorent et qu'ils ne fréquentent, une fois par mois, que pour assurer leur ravitaillement à Coloma, haut lieu de l'histoire et de la légende de l'or en Californie.

En ce mois de janvier, Wilderness est condamné à la pluie. Les Gimenez disent qu'ils n'ont pas vu pareil temps depuis cinq ans. Le torrent étique de la belle saison charrie des eaux bouillonnantes qui vont jusqu'à submerger la route pierreuse au pied des baraquements aveugles.

– Nom de Dieu!

Giuseppe Foata a quitté sa jeep un peu trop vite. Le résultat de cette manœuvre douteuse ne se fait pas attendre : sa petite valise de cuir navigue sur une flaque, et il se retrouve à genoux dans la terre boueuse, au bord du chemin. L'épais rideau d'une fenêtre s'est soulevé de quelques centimètres, et

Giuseppe se sent observé tandis qu'il se remet sur pieds. Il récupère sa valise, essuie du revers de la main les genoux de son pantalon, et se dirige vers la porte basse encadrée par deux monticules de fumier et d'ordures ménagères.

– *Buenos dias, señor*, dit une voix en haut des marches.

Giuseppe lève la tête. Pablo Gimenez, un fusil de chasse à la main, l'accueille d'un grand sourire édenté.

– *El tiempo mejora*!

– Je ne sais pas si le temps s'arrange, rétorque Giuseppe en se hissant à sa hauteur, mais il faut de l'estomac pour venir dans ce foutu pays! Jusqu'à Coloma ça va encore, mais après, qu'est-ce que ça grimpe! Comment va l'amie Isabel?

– Pas très bien. Elle refuse de manger et elle a essayé de se sauver deux fois. On a été obligés de la boucler dans la grange. Débarrassez-vous, la Persantina va vous faire un café chaud.

Il s'empare de la valise dégoulinante, la dépose sur un escabeau de bois, fait asseoir Giuseppe sur une chaise branlante. Une masse émerge d'un coin sombre, une femme hors d'âge, toute ridée, vêtue de noir. Foata ne sait que faire. Il lui tend la main, elle ne bouge pas.

– J'apporte la pension, dit Giuseppe. Tout se passe bien quand même?

– Bien sûr! Sauf qu'elle a maigri comme je vous dis à force de ne pas manger. Les premiers jours, elle poussait des hurlements et avec mon fils Manuel, on a été obligés d'employer la manière forte. Elle s'était calmée jusqu'à hier matin. Depuis, ça recommence. C'est pour ça que je suis descendu à Placerville vous téléphoner pour que vous veniez la raisonner...

Giuseppe ouvre la valise, en sort une liasse de dollars, la tend au Mexicain à la moustache tombante.

– Je vous en ai mis deux mille, c'est correct, non ? Si vous me la gardez encore huit jours, vous en aurez autant. Je vais aller la voir.

Il regarde avec répulsion le Mexicain enfourner la liasse dans un sac plastique tandis que Persantina s'approche, une casserole d'eau teintée à la main.

– Pas plus de huit jours, señor. Car si un Ranger l'entendait, je serais beau ! Il suffirait qu'il y en ait un qui passe par ici... Je les aperçois, de temps en temps, en ville. Leur brigadier n'a pas l'air facile. Je vous emmène. Manuel la garde en ce moment.

– Quand j'aurai bu mon café, dit Giuseppe. Ce qu'il fait froid dans votre foutue montagne !

Il vide sa tasse, enchaîne :

– Je me demande comment vous arrivez à vivre ici, sans électricité, sans radio, sans rien...

Gimenez hausse une épaule.

– Faut s'y faire. C'était ça ou la chaise électrique, vous le savez bien. Avec toutes les histoires que j'ai sur le dos, je préfère être ici. Vous repartez quand ?

– Le plus tôt possible. Je dois être à San Francisco demain matin. Allons-y. Jusque-là, je ne l'ai pas entendue beaucoup gueuler, notre Isabel ! Elle fait sa prière, ou quoi ?

16

Pénitencier de San Quentin, 16 janvier.

Le grand cirque.

Avec toute la troupe.

On a placé une chaise devant le bureau de Bryce, on a fait asseoir Broderick dessus, on forme cercle autour de lui.

Rien à voir avec la suffisance que le gardien-chef affichait l'autre jour, quand il guettait ma sortie du pénitencier dans son bel uniforme de gradé. Les hommes du FBI l'ont cueilli ce dimanche matin chez lui, dans une tenue moins reluisante de jardinier. Il est là, la salopette déchirée aux genoux, les gants dépassant de la large poche ventrale. Avec une délicatesse exquise, Sullivan l'a délivré de son chapeau de paille qu'il a posé sur une étagère. Puis il a tiré les doubles rideaux et allumé le plafonnier.

– Pour ne pas qu'on vous aperçoive de l'extérieur, a-t-il prétexté. Les mauvaises langues vont vite, et ce que nous avons à dire doit rester entre nous.

Il n'en mène pas large, l'ami Broderick. Nous non plus. Va-t-il avouer ou non? Va-t-il nous permettre de remonter jusqu'à Ferrus? On n'entend dans la pièce que son souffle rauque, précipité. Je n'aperçois de lui qu'une joue couperosée et une mèche de cheveux blonds qui tombe sur l'oreille droite.

Bryce commence d'une voix calme, alléchante :

– Notre façon d'agir a pu vous surprendre mais nous ne voulions pas vous interpeller à l'intérieur du pénitencier. Nous avons quelques questions à vous poser. Tâchez d'y répondre sans ambiguïté.

Broderick lève sur Bryce un visage livide. Ses yeux hésitants, asphyxiés comme des poissons privés de leur bocal, clignotent vers notre assemblée de bourreaux. La voix de Bryce s'élève à nouveau :

– Vous êtes sûrement un brave homme, Broderick, mais vous avez des besoins d'argent incompatibles avec votre situation. Vous avez récemment fait l'acquisition d'un chris-craft ancré dans le port de Monterey, face à l'ancienne douane. Nous aimerions savoir d'où provient l'acompte versé au vendeur lors de la signature de l'acte.

Broderick, vissé à sa chaise, ne répond pas. Il ne s'attendait pas à ce qu'une enquête soit effectuée par le FBI sur ses ressources. Il se dandine, courbe l'échine, attend, angoissé, la suite des événements. Le monologue continue.

– Nous ne sommes pas mal disposés à votre égard, mais encore faut-il que vous fassiez un effort. Nos vérifications au service des taxes de Sacramento ont fait apparaître des achats qui dépassent de loin vos revenus.

Broderick garde le silence. Son cou épais, sanguin, arrive à la hauteur du dos de son siège. Il croise les bras sur son estomac. Il sait qu'il lui faut s'enfermer dans un mutisme total s'il veut se préserver des questions pièges qui fuseront avec une telle vitesse qu'il aura du mal à les suivre.

Inlassablement, Bryce continue avec une obstination que j'admire.

– Aux taxes, donc, nous avons également appris que vous aviez acquis tout aussi récemment une petite maison sur la rive Ouest du lac Tahoe. C'est joli, Cristal Bay, un coin paradisiaque entre l'eau et les forêts de conifères et de cèdres. Mais ce n'est pas donné. Alors, quand on additionne le tout, votre propriété d'Oakland, le chris-craft à Monterey et la résidence secondaire, on se demande comment vous faites pour arriver à vous offrir tout ça avec un salaire de gardien-chef!

Broderick regarde le sol. Il a du mal à trouver la parade. Comment les Fédés ont-ils appris tout ça? Par le service des taxes, bien sûr. Mais pourquoi leur attention s'est-elle portée sur lui? Il a toujours tout fait pour entretenir de bonnes relations avec Sullivan, allant même jusqu'à lui fournir les renseignements qu'il recueillait auprès des mouchards du bloc, soit directement, soit par l'intermédiaire de Murphy.

Il relève la tête, fixe Bryce.

– J'avais des économies, si vous voulez savoir, monsieur le Supervisor. Je pense qu'il n'y a rien d'illicite à ça.

– Sûrement pas. Mais j'aimerais savoir d'où elles sortent, ces économies. Il vous en a fallu pour payer tout ça, et en moins d'une année, encore! Comme si tous vos achats avaient été projetés dans la foulée.

Broderick tente une diversion :

– Si vous me promettez que ça reste entre nous...

Il prend son élan, lâche sur un ton qui pourrait paraître sincère, n'était-ce la fausseté de son regard :

– Je fais des travaux au noir, en dehors du service. J'ai surtout eu la chance d'encaisser un gros paquet au casino MGM de Reno.

Je me dis que Bryce va exploser et qu'avec Sullivan dont les battoirs s'ouvrent et se ferment, Broderick passerait sûrement un mauvais quart d'heure. Baker, le cou tendu, attend lui aussi le pugilat. Mais Bryce demeure muet, comme si la réponse le satisfaisait.

Un calme trompeur, chargé d'électricité. Les nerfs tendus, Bryce sait qu'il joue une grosse partie. Que Broderick s'en sorte, qu'il dépose une plainte et c'est le blâme et la mutation assurés. Le Supervisor quitte son siège, vient s'asseoir sur le bureau, une jambe dans le vide.

– J'ai entendu cette chansonnette je ne sais combien de fois au cours de ma carrière, dit-il. Je vais enregistrer vos réponses sur magnétophone. Si vous ne dites pas la vérité, tant pis pour vous, je vous aurai prévenu.

Un déclic. L'agent Sullivan vient d'appuyer sur la touche *record* d'un Sony à micro directionnel, placé sur une étagère de bibliothèque.

– On y va, annonce Bryce. Je commence par ce qui s'est passé il y a quelque temps, dans les douches de San Quentin, quand le Français Giraldi s'est battu avec un Noir. Vous vous en souvenez, j'espère ?

Cette fois, Broderick réalise. Le speech sur ses revenus n'était qu'une entrée en matière, un hors-d'œuvre destiné à le mettre en condition. Ce qui semble intéresser le FBI, c'est Giraldi, à qui ce faux employé du consulat qui assiste silencieusement à l'interrogatoire a rendu visite récemment. C'est sûrement ça. Le Frenchie a dû se plaindre des mauvais traitements qu'on lui fait subir.

– Très bien. Dominique Giraldi est un violent et un pervers qui a voulu violer un codétenu dans la salle de douches, un nommé Larry Browman. Mon adjoint Murphy a dû intervenir.

– Un rapport a-t-il été adressé à votre direction?

– Forcément, quand on veut bénéficier d'une cellule de punition.

– Browman appartenait-il au quartier G?

Broderick porte les yeux sur Bryce comme s'il ne comprenait pas la question.

– Aux Irréductibles? demande-t-il.

– Oui. Sinon, comment aurait-il pu pénétrer dans vos douches?

Cette fois, l'affaire se complique. Quelqu'un a bavardé, c'est sûr! Ce ne peut être qu'un gardien, Murphy à l'occasion, pour se faire valoir de Sullivan. A moins que ce ne soit le curé passeur de lettres.

Broderick retrouve tout d'un coup son aplomb :

– Ce fait m'avait étonné, car il est pratiquement impossible de passer d'un bloc à l'autre sans une complicité interne. J'avais pensé au gardien, Murphy, mais l'enquête que j'ai effectuée ne m'a pas permis de mettre la main sur le coupable.

– Dommage, ironise Baker qui s'était jusqu'alors tenu en réserve. Le Noir ne vous a donc pas fourni d'explication sur sa présence aux douches? L'avez-vous seulement interrogé?

Coincé, Broderick! Baker ne le laisse pas se reprendre.

– Autre question : ce Noir n'est-il pas le client de maître Ferrus?

L'homme lève une épaule, puis l'autre.

– J'ignore qui sont les clients de l'avocat dont vous parlez, surtout dans d'autres quartiers.

– Dans le vôtre, Giraldi l'a comme défenseur.

– L'avait. Depuis qu'il lui a brisé les lunettes et fait éclater la lèvre, cela m'étonnerait que maître Ferrus le garde dans sa clientèle.

– Il vous l'a dit?

– Non... Je le présume.

– Quels sont vos rapports avec maître Ferrus?

– Administratifs, tout simplement. De gardien à avocat.

– En dehors?

– En dehors, rien.

– Pas de correspondance, pas de coup de téléphone, pas de visite entre vous?

Broderick fait un signe de dénégation.

– Non. Aucun contact.

– Vrai?

– Comme je vous le dis.

– C'est bien ennuyeux ça...

Le regard du gardien se brouille. L'affaire commence à prendre mauvaise tournure.

– Pourquoi, ennuyeux? dit-il. Je n'ai rien à faire de maître Ferrus... Vous m'interrogez comme si j'étais coupable de je ne sais quel crime. Ça suffit! Je veux un avocat!

L'index sur la touche *arrêt* du magnétophone, Baker s'insurge.

– Pas de ça avec moi, Broderick! Vous n'êtes pas devant le juge, ici. Vous avez à vous expliquer sur vos relations avec Ferrus, un point c'est tout. Vos réponses sont enregistrées. Elles pourront être communiquées à une Cour de justice, qui appréciera leur degré de sincérité. Si vous voulez vous en sortir, je vous engage à vous montrer coopératif. Nous savons des choses qui peuvent vous mener directement dans une de vos propres cellules. Nous verrions alors comment vos détenus vous accueilleraient.

La métamorphose de Baker me stupéfie depuis qu'il a pris la situation en main. Je le connaissais calme, gentil, plutôt passif et je découvre un vrai tigre. L'œil dur, la voix sèche, impérative, le ton sans réplique... Le truand le plus aguerri ne devait pas avoir beaucoup de chance devant lui. Broderick, dont la langue ne cesse d'humecter les lèvres sèches, le sent bien.

Baker s'est approché du gardien-chef après avoir remis la bande en mouvement.

– Je dis que c'est ennuyeux parce que nous avons la preuve que vous êtes en relations d'affaires avec Ferrus. Pourriez-vous jurer sur la Bible que vous ne lui avez jamais téléphoné?

Broderick accuse le coup. Il ne peut rien répondre. S'il nie, il est parjure. S'il avoue, sa réponse enregistrée plaidera contre lui.

– Jurez, mon vieux, encourage doucement Bryce.

Baker, impitoyable, poursuit son avantage, faisant mine de s'adresser au Supervisor.

– Il ne peut pas jurer. Il sait qu'il ferait un faux serment. Et un faux serment, devant un tribunal...

Il laisse la fin de sa phrase en suspens puis, revenant à sa victime :

– Nous détenons la preuve que vous êtes en rapport avec Ferrus, que vous lui avez rendu visite à son cabinet afin de lui confier une lettre dont il a pris photocopie. Cette lettre, il vous a conseillé de la remettre dans le circuit, au pénitencier. Je me trompe?

Cette fois, Broderick est sérieusement sonné. Tout s'écroule. Il n'essaie même plus de réagir. Son téléphone de bureau était donc surveillé? Quelle idée de n'avoir pas pris plus de précautions! Tout ça, par la faute de Murphy. « On a été couillonnés, chef... » Qui sait si ce n'est pas Murphy qui a monté toute l'histoire pour se débarrasser de lui et prendre sa place? Avec son air faux-jeton, celui-là...

Le ton de Baker est soudain devenu doucereux.

– Un bon mouvement, Broderick. Dites la vérité. Vous avez ou vous n'avez pas téléphoné à l'avocat? Vous avez ou vous ne lui avez pas rendu visite pour lui porter une lettre?

Le gardien-chef regarde la bande défiler, les yeux vides. Ses doigts se crispent par intermittence. Comment va-t-il pouvoir se sortir d'une nasse pareille?

– Toujours aussi discret, commente Baker, qui lui a mis la main sur l'épaule. Vous avez peur de Ferrus ou quoi? Je vais vous aider. Le Noir n'a pas atterri dans la salle de douches par l'opération du Saint-Esprit. C'est vous qui lui avez ouvert la porte. Il y est venu dans un but précis : faire un mauvais sort au Frenchie. Dans la lettre que vous avez portée à Ferrus, Giraldi demandait à sa femme de changer d'adresse et de se cacher, ce qui pouvait laisser entendre qu'il avait décidé de se mettre à table. Mais elle a commis l'erreur de téléphoner à San Quentin et de laisser son numéro, au Comedia Palace. Ce numéro, nous le savons, est parvenu jusqu'à vous, et vous l'avez communiqué à maître Ferrus. Isabel Giraldi a brutalement disparu de la circulation, enlevée par des tueurs qui n'ont pas hésité à ouvrir le feu sur un policier du San Francisco Police Department. Votre silence peut vous rendre complice de cet acte, Broderick. Alors prenez garde à ce que vous allez répondre : avez-vous, oui ou non, communiqué le numéro du Comedia à Ferrus?

Broderick s'affaisse un peu plus sur sa chaise, vidé. Ses joues ruissellent de sueur. La peur, la haine, ou l'atmosphère tendue, suffocante de la pièce?

– Un bon mouvement, Broderick. Puisqu'on vous dit que ça reste entre nous.

Le gardien-chef, décomposé par l'angoisse, s'effondre tout d'un coup.

– Si vous me promettez...

Il regarde Bryce qui, d'un signe, l'encourage. Entre Baker et lui, la mise en scène est réglée.

– C'est Ferrus qui m'a demandé de faire passer le Noir dans le quartier du Frenchie, murmure-t-il. Ils étaient tous les deux ses clients et Ferrus m'a dit qu'ils devaient se parler aux douches, à propos d'amis communs... Je ne me doutais pas que la rencontre se terminerait en bagarre.

Nous savons tous qu'il ment, dans un dernier sursaut pour tenter de minimiser sa culpabilité, mais Baker se garde d'intervenir. Lorsqu'un suspect entre dans la voie des aveux, il faut le laisser s'épancher. Surtout ne pas poser de questions qui pourraient modifier le cours du débit ou même le stopper.

– Ferrus m'avait aussi demandé de surveiller le courrier de Giraldi. Il craignait que son client s'adresse à un autre avocat...

Baker et Bryce, impassibles, ont l'air d'approuver, sans un mot.

– ... Quand j'ai su que la femme Giraldi avait disparu de son motel et qu'un policier avait été blessé au cours de l'attaque, j'ai commencé à me faire du souci. Il s'est servi de moi, je l'ai bien compris. Mais qu'est-ce que j'y peux?

Broderick s'arrête, serre les poings.

– ... Je vous ai dit tout ce que je sais. Vous avez promis...

– Nous tenons toujours nos promesses, l'arrête Bryce. Par mesure de précaution, nous allons rédiger un procès-verbal que nous garderons pour le cas où vous ne seriez pas régulier. Nous vous reconduirons ensuite chez vous. Une question, encore. L'argent du chris-craft?

– Ferrus m'a donné deux mille dollars une première fois et cinq mille la seconde... Depuis, je ne l'ai pas revu. Qu'est-ce qu'il faut que je fasse?

– Rien, dit Bryce, rien pour le moment. C'est à nous d'agir. Et selon notre formule, vite et bien. Venez, on va passer dans la pièce à côté.

17

Wilderness, 17 janvier.

Le jour filtre par les planches disjointes de la grange. Isabel, étendue sur le lit de fortune qu'on lui a installé, les yeux grands ouverts, émerge tout juste de son sommeil.

Soudain, la jeune femme a conscience d'un bruit de pas qui se rapproche. Elle a dormi d'un sommeil agité, les mains crispées sur la couverture. Elle se redresse, déserte le grabat, se réfugie contre la cloison. La porte de la grange s'ouvre. Dans l'encadrement, la silhouette massive de Manuel s'incruste, sous un coin de ciel bleu.

– Le déjeuner est prêt, petite chérie, dit-il.

Il porte une casquette de drap, une veste de velours, un pantalon rapiécé et des bottes éculées. La tenue typique des chasseurs de montagne. A son épaule, tenue par la bandoulière, un fusil à canon scié.

Isabel se garde de répondre. La face de brute de Manuel, l'odeur fétide qu'il dégage, provoquent en elle un sentiment de répulsion. Le visage tordu dans un rictus cruel, il s'avance, les mains ouvertes. Ses yeux brillent.

– Qui c'est qui va faire un câlin à son gardien chéri ? minaude-t-il.

Il détache Isabel du pan de bois, tente de l'enlacer, pose les mains sur ses fesses, grogne des obscénités à son oreille. Isabel résiste, se débat, essaie de se dégager de la puissante étreinte. La bouche de Manuel cherche la sienne. Alors, dans un ultime geste de défense, elle le mord de toutes ses forces. L'homme pousse un rugissement de douleur. Pour un Mexicain, la femme est faite pour assouvir les désirs du mâle. Etre humilié de la sorte est impardonnable. Cela mérite vengeance. Son bras se lève pour frapper Isabel. Il ne s'abat pas. Pablo est entré brusquement dans la grange et a saisi le poignet de son fils au vol. Il le tord.

– Tu es fou ou quoi ? rugit-il. File !

Le visage de Manuel a changé d'expression, passant de la fureur à la surprise puis à la crainte. Il s'éloigne à reculons, frottant son poignet endolori, marmonnant des paroles inintelligibles.

– Venez, Isabel, dit Pablo. Et ne craignez rien, je suis là.

Il la prend par le bras, l'entraîne à l'extérieur. La sente caillouteuse les conduit aux trois marches de l'escalier vermoulu. Des bûches flambent dans la cheminée de la cuisine où flotte une odeur de graillon. Devant la table rustique, la femme coupe des tranches de pain et de saucisson. Avec sa bouche édentée, sa longue robe noire de coton qui tombe sur des espadrilles usées jusqu'à la corde, elle est en parfaite harmonie avec le décor. Dans le coin de la pièce, vautré sur un lit de camp, Manuel lape bruyamment sa soupe, le nez enfoui dans le bol.

– Prenez place et ne craignez rien, répète Pablo.

Isabel ne répond pas. La scène de tout à l'heure, qui risque de se renouveler, la terrorise. Elle lève les yeux vers la fenêtre derrière laquelle les crêtes se profilent dans la lumière de l'aurore. La vallée, par endroits, est encore enfouie dans l'ombre.

La vieille verse une louche de soupe dans l'assiette de grès ébréchée, la tend à Isabel, le regard empreint de compassion.

– Mangez, dit-elle doucement. Le señor Giuseppe a promis de ne pas vous garder longtemps. Dans la journée, vous resterez avec nous, vous pourrez même vous promener. La nuit, il faut qu'on dorme, vous comprenez. C'est pour que vous ne fassiez pas de bêtises qu'on est obligés de vous enfermer dans la grange...

Manuel repose son assiette, fait claquer sa langue.

– Il vous a sauvé la vie, le señor Giuseppe, renchérit Pablo. Il nous l'a expliqué. S'il ne vous avait pas emmenée de force, les flics vous embarquaient. Vous pouvez lui dire merci.

***

Il bruine.

Il bruine depuis trois jours, une sale brouillasse qui voile les carreaux des fenêtres de la salle des détectives. Une mélasse qui, selon la météo, toujours optimiste, doit durer toute la semaine. Mais l'agent planté devant l'entrée du Central Police de San Francisco, le ciré aussi luisant que le bitume de la chaussée déserte, se moque bien des prévisions de la météo. Pour le moment, son regard est fixé sur le petit homme roux, au teint de brique, qui s'avance vers lui en titubant. Une bouteille de scotch dépasse de la poche droite de sa gabardine trempée aux épaules.

– B'jour, bredouille-t-il en portant l'index à sa tempe, en une ébauche de salut réglementaire. J'viens voir vot' chef!

– Quel chef, papa?

– Çui du Comedia... Faut que j'lui cause...

Avant même que le planton ait pu s'interposer, l'homme franchit la porte et vient se figer devant la barrière qui coupe la salle en deux. La pauvreté du local ne l'impressionne pas. Une baie grillagée par laquelle le jour pénètre avec difficulté sépare le bureau d'une cour intérieure vibrante de pétarades et d'exclamations de motards. Peu de meubles: trois grandes tables couvertes de graffitis, deux classeurs métalliques et, sur les murs, des fiches de recherches d'individus réputés dangereux avec le montant de la prime offerte aux informateurs qui permettraient leur arrestation. Des notes de service, aussi, en quantité impressionnante, punaisées sur des tableaux de liège.

L'homme s'appuie sur la rambarde, attend qu'on s'intéresse à lui. Le sergent Teichner, qui sort des toilettes en bouclant son ceinturon, est le premier à l'interpeller.

– Qu'est-ce que vous voulez, mon gars?

– J'veux parler au chef, çui qui s'occupe de ma logeuse.

L'haleine empeste le whisky. Teichner recule d'un pas.

– Quelle logeuse?

– ... Savez bien, la mère Simpsons, celle qui n'arrête pas de taper au mur quand je prends ma douche...

Teichner fronce le sourcil, se rapproche de la barrière en évitant de respirer.

– Expliquez-vous, ordonne-t-il. On n'a pas de temps à perdre avec des divagations d'ivrogne. Qu'est-ce que vous voulez?

L'homme paraît reprendre ses esprits, regarde le sergent avec des yeux écarquillés, s'apprête à faire demi-tour. Mais ouvrant le portillon, Teichner l'arrête d'un geste et l'empoigne :

– Venez par ici.

Réprimant un haut-le-cœur au contact des effluves alcoolisés, il fait asseoir l'ivrogne sur une chaise, referme le portillon.

– C'est moi qui m'occupe de l'affaire, dit-il d'un ton conciliant. Vous pouvez me parler.

L'homme fait un effort de concentration.

– ... Maintenant je vous reconnais. Vous étiez là quand il y avait la télévision...

Il met la main à la poche, sort une bouteille de Long John, s'avise de la déboucher. Teichner la lui retire des mains, la dépose sur l'étagère d'un classeur.

– Assez picolé comme ça, mon vieux. Vous parliez du Comedia?

– Forcément. J'l'ai déjà dit à vot' gars devant la porte, qu'a les pieds dans les flaques d'eau... Qu'est-ce qu'elle pouvait m'emmerder, la Gloria, avec sa flotte... Justement, c'est à cause d'elle que j'viens vous voir. Elle est absente ou quoi?

Teichner hausse ses épaules de catcheur.

– Qu'est-ce que j'en sais, moi?

– Parce que hier, j'ai pris ma douche. Elle a pas bougé. Ce matin, j'ai recommencé. Elle a toujours rien dit. Ça m'a étonné. J'suis sorti et j'ai tapé au carreau. « Vous êtes là, m'ame Gloria? » Elle qui me répond tout le temps « ta gueule », elle a rien dit. Ça m'étonne, je vous dis. Surtout que ses chats miaulent sans arrêt... Vous croyez pas que c'est bizarre, vous?

Teichner ne répond pas. Il se lève, se verse une tasse de café, repose la cafetière sur le réchaud électrique.

– Vous n'aviez qu'à entrer, dit-il.

– M'faites pas rigoler, chef. Bien sûr que j'ai voulu entrer chez elle, mais peau de balle. La porte est fermée. J'ai secoué la poignée, j'ai essayé d'ouvrir le vasistas, rien à faire. Ça vous semble pas drôle, à vous, tout ce cirque après le gars qui se débinait l'autre jour avec la fille?

A nouveau, les sourcils broussailleux du sergent se rejoignent. Il pose sa tasse. Son petit doigt se glisse sous la perruque, signe de macération cérébrale.

– Quel gars? s'inquiète-t-il.

– Çui de la Chrysler... Il a fait monter la fille du 18 et il s'est barré. Comme si vous le saviez pas...

– Vous l'avez vu?

– Vu? Oui... non... J'étais là sur le balcon quand la bagnole s'est arrêtée et les deux types qui étaient dedans sont pas descendus. J'ai cru que c'étaient des flics qui planquaient et j'suis rentré me laver... Faut dire que j'avais arrosé la nouvelle année avec Billy, le contremaître de la scierie, alors j'étais pas frais... Quand j'ai entendu le raffut, j'suis sorti voir. Comme j'étais à poil, j'suis revenu... Voilà.

– Comment se fait-il que vous n'ayez pas dit ça plus tôt?

– Parce qu'on me l'a pas demandé, tiens! Si,

j'ai dit ça à la fille de la télé mais elle a pas voulu me prendre en film... Elle disait que je bafouillais. Maintenant, faut que j'm'en aille... Parce qu'Oakland, où je travaille, c'est pas la porte à côté...

– Un instant.

Teichner soupire, quitte son siège, traverse la salle, va frapper contre le verre dépoli de la porte du lieutenant Franklin. Sans succès.

Il revient près de l'ivrogne, rajuste sa perruque, s'approche du planton dont le regard se perd dans le ciel bas.

– Quand il arrivera, dites au lieutenant Franklin que je pars au Comedia Palace. J'ai une vérification à faire.

– Le poivrot, sergent. Qu'est-ce qu'on en fait?

– Vous le mettez au gnouf en attendant. Je ne sais pas s'il est en voiture ou à pied mais deux précautions valent mieux qu'une. En bagnole, ce serait un danger public. A pied, il est capable de se faire écrabouiller. Quand le lieutenant débarquera, dites-lui aussi que je suis sur la fréquence...

Le panonceau lumineux « Vacancy » clignote toujours au bas de l'escalier, annonçant aux candidats locataires que des chambres du Comedia Palace sont disponibles à toute heure de la nuit et du jour.

La façade du meublé n'a rien d'engageant. Teichner se glisse dans cet univers à la Eugène Sue en essayant sottement de faire le moins de bruit possible alors que les piaillements de marmots, une télévision qui hurle et un groupe de Noirs dégringolant les marches de l'escalier vermoulu lui donnent à penser qu'il doit être difficile de se reposer dans pareil endroit.

La porte de la loge est là, devant lui. Une étiquette manuscrite « Frappez fort » remplace la sonnette détériorée qui n'a même plus de couvercle. Entre deux accalmies d'escalier, il ne perçoit que le bruit lent et régulier des gouttes d'eau qui tombent du toit.

Sa voix résonne sur la passerelle :

– Gloria ? Ouvre, c'est moi, Willy !

Son regard balaie l'escalier alors que, les deux pieds sur le paillasson usé jusqu'à la corde, il s'obstine à secouer le bouton de la porte.

– C'est moi, Gloria, répète-t-il. Ouvre !

Une montagne de bigoudis apparaît par l'entrebâillement de la porte 14, au-dessus d'une chemise de nuit chiffonnée.

– Qu'est-ce que c'est que ce boucan ! hurle une voix irritée avant que la porte se referme brusquement, à la vue de l'uniforme.

Teichner frappe à nouveau contre la vitre de la loge.

– Gloria ? Ouvre, quoi ! J'ai à te parler...

Derrière la porte il perçoit quelques miaulements, puis plus rien, le silence. Un silence étonnant mais révélateur. L'ivrogne a dit vrai.

Mrs Gloria Simpsons, étrangement, ne répond pas.

Teichner attend encore quelques secondes, pensif. Puis il descend rapidement l'escalier, s'installe au volant de sa voiture et décroche le micro.

– Central ? Le lieutenant Franklin est-il arrivé ?

La voix du permanent nasille dans l'habitacle.

– Qui le demande ?

– Sergent Teichner.

Un grésillement, un déclic.

– Oui?

– Teichner, lieutenant. Je suis sur Steiner. Au Comedia Palace. La logeuse ne répond pas aux sommations.

– Et alors?

– Qu'est-ce que je fais, lieutenant? Ça semble bizarre...

– Bizarre en quoi?

– Ce n'est pas dans ses habitudes de laisser ses chats sans soin. Le témoin qui est dans le box vous le confirmera.

– Vous en déduisez quoi, sergent?

– J'ai bien peur qu'il se soit passé quelque chose d'anormal. Vous venez, lieutenant?

– O.K.

Moins d'une demi-heure plus tard, les deux hommes gravissent l'escalier de bois du motel. Parvenu au palier, Teichner lève la jambe droite, prend appui sur le mur du couloir et frappe brusquement du pied la porte à hauteur de la serrure, qui s'arrache du chambranle. Franklin le suit, revolver au point.

Le cauchemar.

Sur une chaise, un corsage noir, un sac à main et une jupe rose, à côté d'un tas de bigoudis. Une odeur pestilentielle.

Elle est là, Gloria, allongée sur son lit. Sa main inerte effleure la carpette effrangée. Gloria, les lèvres violettes, les yeux révulsés. Étranglée. Un fil électrique autour du cou.

Franklin demeure frappé de stupeur. Teichner aussi, qui soulève sa perruque avant de tâter le pouls du cadavre. Le bras est raide, la peau glacée. La mort remonte à plusieurs heures. Instinctivement, il regarde sa montre : huit heures douze. Sur la table de nuit, quatre billets de vingt dollars, une montre en faux diamants.

– Le vol n'est pas le mobile du crime, dit Franklin. Et l'assassin est reparti avec la clé. Sergent, appelez-moi d'urgence le légiste et l'Identité.

18

San Francisco, 18 janvier.

Derrière un sourire bienveillant, la soubrette aux formes suggestives dévisage d'un air suspicieux l'homme qui se tient dans le vestibule de l'hôtel particulier de maître Ferrus. Elle tente de l'éconduire :

– L'adresse du cabinet est 3612 Laguna Street, près du State Building. Ici, c'est son domicile personnel.

Elle ébauche une moue dubitative, écarte les bras en signe d'impuissance.

– Il faudrait que vous téléphoniez là-bas pour savoir s'il peut vous recevoir. C'est qu'il a beaucoup de rendez-vous! Vous pouvez aussi voir un collaborateur. C'est à quel sujet?

– C'est personnel.

– Alors...

L'autorité tranquille de l'inconnu la surprend. Elle essaie de deviner son âge, cinquante ans environ. Il est grand, musclé, distingué. Sous le cheveu blond et court, l'œil pétille. Il ne s'agit sûrement pas d'un client habituel, banquier du Financial District ou viticulteur de Napa Valley qui connaissent le chemin du cabinet. Sa tenue vestimentaire n'a rien du classicisme des gens de la finance et il n'a ni le hâle, ni les rides des hommes qui vivent au grand air. Son allure désinvolte impressionne la jeune femme.

– Je peux essayer de vous obtenir un rendez-vous entre deux consultations, minaude-t-elle. Comme ça vous n'aurez pas à vous déplacer. Vous êtes monsieur ?

– Inutile, coupe l'homme. Je préfère l'attendre...

Il se met à mastiquer une dragée de chewing-gum avec une régularité qui transforme ses maxillaires en métronome.

– C'est-à-dire que...

Il balaie l'objection d'un imperceptible mouvement d'épaules.

– Ne vous tracassez pas, j'ai l'habitude. Et ne me dites pas qu'il est déjà parti, sa Jaguar est encore devant la porte.

Le sourire de la femme se fige, son regard se voile. A moins de le faire jeter dehors par le valet de chambre, l'inconnu semble décidé à ne pas quitter le hall.

– C'est bien joli chez vous, décrète-t-il soudain, désignant l'ordonnancement des pelouses, de l'autre côté de la grille du patio.

– Oui, dit-elle, à demi rassurée.

Il ne détourne pas le regard du spectacle qui s'offre à sa vue. Au-dessus de la baie, le ciel matinal est d'azur. Le soleil encore pâle traverse un rideau de palmiers pour se réfléchir à la surface de la piscine carrelée de bleu. Juchée sur un rocher, entre le Presidio et Lincoln Park, la demeure de Sea Cliff est sans aucun doute l'une des plus luxueuses de San Francisco. A ses pieds, la route bordée d'arbres géants serpente au travers d'un terrain de golf avant de s'élever en colimaçon vers les hauteurs. Le site est d'une beauté et d'une sérénité impressionnantes.

– Une seconde, je vous prie.

L'employée décoche un autre regard soupçonneux à l'importun avant d'aborder un couloir peuplé de trophées de chasse. La porte de la salle à manger où maître Ferrus déguste son cheesecake quotidien est entrouverte.

– Qu'est-ce qu'il y a, Daisy?

– Un homme insiste pour vous voir, monsieur. Il est dans l'entrée et il refuse de partir ou de donner son nom.

Le froncement de sourcils de l'avocat témoigne d'une préoccupation soudaine :

– Qu'est-ce qu'il veut?

– Je ne sais pas, monsieur. Il a l'air bizarre. Il faut peut-être prévenir la police...

– Pas pour l'instant. Il vous a menacée?

– Ma foi non...

– Alors je vais voir.

Sans se soucier de ramener sur son corps nu les pans de sa robe de chambre, Ferrus se lève et contourne la table.

– Dites-moi, Daisy...

– Monsieur?

– A quoi ressemble-t-il ce type? Bien mis? Mal habillé? Industriel, ouvrier, bourgeois?

Haussant les épaules comme si c'était sans importance, la jeune femme jette un coup d'œil par l'entrebâillement de la porte et baisse la voix.

– Je me demande si ce n'est pas un flic. Il a repéré votre voiture. C'est donc qu'il la connaît.

– Bon. Faites-le patienter dix secondes.

Resté seul, maître Ferrus relit un article du *San Francisco Chronicle* consacré à l'affaire du Comedia Palace. Un article qui lui a donné des sueurs froides. Contrairement à ce que lui avait affirmé Foata, le flic sur lequel il avait ouvert le feu n'est pas mort. Au contraire, il semble en état de témoigner. Une photographie aurait permis au policier hospitalisé dans un état grave au Medical Center d'identifier son agresseur.

Une nouvelle fois, Ferrus se creuse la tête pour tenter d'envisager toutes les hypothèses. Même les pires. Pourtant, il ne peut imaginer de quelles preuves pourrait disposer la police pour établir ses relations avec Foata ou le gang des Corses. L'avocat respire. Mais il ne se berce pas d'illusions. Qu'il prenne à Giraldi l'envie de bavarder et les flics ne mettront pas longtemps pour remonter jusqu'à lui. Que risque-t-il, en tant qu'avocat? Des soupçons ne suffisent pas. Un membre du barreau n'est pas, comme le simple citoyen, à la merci d'un interrogatoire un peu brutal.

L'article du journaliste, mieux renseigné que la plupart de ses confrères, laisse maître Ferrus pantois. Si Foata a été identifié, il n'a pu l'être que par les confidences de Giraldi ou le témoignage de l'agent Primley. L'un ou l'autre. Peut-être les deux en même temps. Le prénom de Giuseppe lâché par le nabot Rubio était connu certes, depuis l'enlèvement, mais le nom? Si cet idiot de Broderick n'avait pas aussi superbement raté son coup dans la salle de douches de San Quentin, on n'en serait pas là! Giraldi disparu, tout le monde dormirait tranquille. Les divagations d'un flic en état de choc ne pèseraient pas lourd dans la balance de l'accusation. Maintenant, on sait où il est, Primley. Si seulement il était possible de l'approcher!

La pensée de Ferrus se reporte aussitôt sur Broderick. Qui sait si, depuis le début de l'enquête, le gardien n'a pas concentré sur lui l'attention des policiers! Il a pu faire l'objet d'une surveillance sans s'en rendre compte. Sans doute s'est-il rendu jusqu'à son cabinet de Moraga Street sans prêter attention aux flics collés à ses godillots! Ferrus se méfie, lui. Il s'est toujours méfié. Cela fait partie de ses réflexes de défense naturels. Mais Broderick, ce gros plein de soupe, inintelligent, brutal et cupide?

Maître Ferrus grimace. Il jette un coup d'œil écœuré sur les journaux qui jonchent le tapis. Une rage froide l'envahit. Jamais il n'aurait dû inviter le surveillant à lui apporter la lettre dont il lui faut vite détruire la photocopie. Son corps se couvre de sueur à la pensée de ce qui serait arrivé si Broderick avait été surpris en possession de l'enveloppe compromettante. Il n'aurait pas tenu le coup, c'est certain! L'esprit tortueux de l'avocat se remet à filer le cocon d'éventualités désastreuses.

En toute hâte, il gagne son bureau, farfouille dans le désordre d'un tiroir. Sous une pile de feuillets, il trouve ce qu'il cherchait. Il contemple, perplexe, le document quelques secondes, puis se décide à le déchirer en plusieurs morceaux qu'il jette dans la cuvette des toilettes jouxtant le living. Le bruit de la chasse le rassure : les confettis ont disparu.

À demi soulagé, maître Ferrus se sent prêt à affronter l'inconnu qui attend dans le hall. Il se compose une attitude souriante.

– Faites entrer monsieur, Daisy, ordonne-t-il.

Le salon, brillamment illuminé, évoque une galerie de peintures avec ses enfilades de toiles de maîtres. Ferrus est un grand amateur de tableaux anciens. Richard Baker ne peut s'empêcher de se demander combien il a fallu d'honoraires pour acquérir ces trésors... Combien de hold-up, de trafics, de libertés négociées, de commissions sur les partages pour justifier lesdits honoraires, la plupart en liquide et au noir.

Dans sa robe de chambre en velours grenat, l'avocat ressemble à ceux qu'il fréquente. Il évoque à la fois un magistrat et un truand. Il désigne un fauteuil de cuir brun où son hôte se laisse choir avec un soupir d'aise. « S'il n'était pas inquiet, pense Baker, nul doute qu'il ne perdrait pas son temps à me recevoir. »

Maître Ferrus s'assied à son tour sur un canapé Louis XV dont la tapisserie ancienne évoque un couple de bergers enlacés.

– Vous avez manifesté l'intention de me rencontrer, commence-t-il avec un sourire de circonstance, je vous écoute. A qui ai-je l'honneur?

Richard Baker sort de la pochette de son veston une carte de visite qu'il tend par-dessus la table.

– Votre temps est aussi précieux que le mien, dit-il, un sourire narquois aux lèvres. Aussi, je n'en abuserai pas. Je me présente : Richard Baker, détective privé. C'est à titre strictement personnel que je viens vous voir...

Au mot de détective, l'estomac de Ferrus s'est noué, l'espace d'une seconde. Il n'aime pas les policiers. Officiels ou privés. Ce sont toujours des oiseaux de mauvais augure. La plupart des privés sont d'anciens flics, retraités de la police, qui mangent à tous les râteliers. Un pied chez leurs anciens collègues pour obtenir des informations destinées à leurs clients, un pied chez leurs clients pour leur soutirer des tuyaux qu'ils s'empressent de communiquer à la police ou au fisc en échange de primes dites d'honorables correspondants. Puis l'avocat se ressaisit. Sans doute celui-ci ne vient-il que pour lui proposer ses services en matière d'investigations, comme beaucoup de ses confrères qui inondent son cabinet d'offres plus ou moins alléchantes...

– Enchanté, dit-il, soulagé. Je note votre nom sur mes tablettes et, dès que possible, je vous ferai signe. J'utilise assez souvent des privés dans des affaires de divorces, de recherches d'héritiers, de créanciers...

– Pas d'enlèvement? coupe Baker.

La question laisse à Ferrus une impression soudaine de danger.

– Comment cela, d'enlèvement?

Baker se contente d'un sourire énigmatique :

– Je suppose qu'un cabinet aussi important que le vôtre ne traite pas que des dossiers de cocus ou de successions! On vous entend souvent plaider dans des affaires pénales qui sortent de l'ordinaire. Des affaires de truands, par exemple. De souteneurs, de dealers, je ne sais pas, moi. De règlements de comptes, de trafiquants de drogue, aussi. Américains ou étrangers. J'ai même en mémoire une certaine affaire Giraldi, un Français arrêté à La Jolla...

Ferrus avale sa salive. Ce détective l'agace avec ses sous-entendus. S'il est venu le contacter à sa résidence, c'est qu'il doit avoir une idée derrière la tête. Envie d'exercer un chantage, peut-être. De lui soutirer de l'argent. C'est vrai qu'il en gagne beaucoup, que sa clientèle le considère comme un avocat débrouillard et que le bouche à oreille en sa faveur fonctionne de façon remarquable. Mais en quoi cela regarde-t-il ce privé? C'est le rôle de l'avocat de défendre toutes les causes, qu'elles soient bonnes ou mauvaises.

Il adopte un ton sec pour répliquer :

– Si vous êtes ici pour me faire chanter, vous tombez mal. Je suis pressé, j'ai une matinée chargée, il me serait agréable d'écourter un entretien qui n'offre pour moi aucun intérêt.

Il se lève, persuadé que Baker va faire de même. Il n'en est rien. Le flegme de son visiteur le désarçonne :

– Nous le reprendrons alors à votre bureau, dit Richard, là où les murs ont des oreilles. Je pensais vous éviter des ennuis. Dommage que vous ne vouliez pas comprendre.

Maître Ferrus, qui se dirigeait vers la porte, stoppe brusquement son élan.

– Quels ennuis? Et que signifient ces menaces?

– J'ai avancé le nom de Giraldi, ce trafiquant que vous avez défendu et qui vous a maltraité lors de votre dernière visite à San Quentin. Saviez-vous qu'il avait fait l'objet d'une tentative de meurtre de la part d'un autre de vos clients, pourtant détenu dans un bloc différent?

La figure de l'avocat s'allonge. Décidément, ce privé en sait long.

– Et alors? questionne-t-il.

Ses yeux dévorent Baker, guettant sa réponse, mais il ne découvre qu'un calme placide.

– Alors, je dis que c'est très ennuyeux qu'un gardien-chef autorise un détenu à passer d'un bloc à l'autre sans en référer à sa direction. Quelle a été votre réaction en apprenant cela? Vous avez demandé des sanctions contre Broderick, j'espère? Deux de vos clients qui s'entre-tuent, ça a dû vous faire un choc, non?

Ferrus semble perdu dans un abîme de réflexion, la tête penchée, le regard fixé quelque part sur l'océan, les mains dans les poches de sa robe de chambre. Un flux de rage grandit en lui. Cet idiot de Broderick qui n'avait pas su apprécier la vigueur de Giraldi... Très vite il se remémore ce que lui avait dit le gardien : « On attend qu'il n'y ait plus personne dans la douche, je sors Larry Browman et je le planque dans la chaufferie. Il n'en aura pas pour longtemps à l'étrangler avec une serviette mouillée. C'est une force de la nature. » En fait de force de la nature, c'est Browman qui avait subi la loi du Frenchie.

Le visage défait, l'avocat fixe un moment le sol, puis relève la tête.

– Giraldi a été puni de cachot, dit-il. C'est un violent. Il m'a frappé moi-même, comme vous l'avez dit, sans que je puisse me défendre. Si je n'ai pas porté plainte, c'est parce qu'il est difficile de le faire contre un ancien client. Mais il peut aller se faire pendre...

– Browman vous a-t-il dit comment il avait pu

circuler librement malgré les mesures de précaution ?

Le regard de Ferrus se trouble :

– Ma foi non. C'est un « définitif », que je ne vois que rarement...

– Et Broderick ?

– Le surveillant ? Pourquoi toutes ces questions ?

– Pour savoir, maître. Je vous répète que je ne suis ici qu'à titre privé. Exclusivement privé. Sinon, ce serait la police officielle qui serait venue vous interroger. Et moi, vous savez, la police officielle, moins je la vois, mieux je me porte. Je fais mes petites enquêtes tout seul et quand j'ai suffisamment d'éléments, je contacte les protagonistes de l'affaire qui sont tout heureux de me faire travailler. Dans le cas présent, je ne vous dirai pas qui sont mes clients mais ils désirent savoir ce qu'est devenue Isabel Giraldi. Ils veulent la revoir rapidement, très rapidement, j'insiste sur ce point. Ne pensez donc pas chantage mais coopération. En échange, vous restez un homme libre et honoré. Dans le cas contraire, je ne réponds ni de votre situation, ni de votre liberté. Je me fais bien comprendre ?

La mâchoire crispée, Ferrus jette à Baker un coup d'œil glacial. Il marche jusqu'à la fenêtre du salon, regarde dehors, les mains toujours enfoncées dans les poches de sa robe de chambre.

– Je vous croyais pressé, ironise Baker. Je crains que vous ne ratiez vos rendez-vous...

Faisant volte-face, Ferrus l'apostrophe :

– Quel est votre prix ? Car je présume que c'est de l'argent que vous êtes venu chercher...

– Ne croyez pas ça, rétorque Baker sans se départir de son calme. Je n'ai pas besoin d'argent, seulement d'informations, ne serait-ce que pour voir si Broderick m'a dit la vérité. Il m'en a dit des choses intéressantes, ce cher Douglas, quand je lui ai rendu visite dans son paradis de Crystal Bay. Il m'a parlé du passage de Browman au quartier G, à votre demande, moyennant un bon paquet de dollars, de la tentative de meurtre qui a tourné court, de la lettre de Giraldi à Isabel qu'il vous aurait portée avant de la remettre dans le circuit et dont vous auriez pris photocopie. Ça n'a pas grande valeur, je le sais, mais j'ai enregistré ça sur mon magnéto portatif... Ça peut toujours servir.

Le visage de Ferrus ruisselle de sueur dans l'atmosphère suffocante de la pièce. Il essaie de trouver un ongle qui n'ait pas déjà été rongé jusqu'au sang.

– Je ne sais pas où vous êtes allé pêcher tout ça, dit-il d'une voix dont il maîtrise difficilement l'émotion, et je ne vois pas où vous voulez en venir. Vous parlez d'enlèvement. Comment voulez-vous que, moi, avocat et conseil de Giraldi, je puisse vous dire qui a enlevé sa femme et où elle se trouve en ce moment? Ce doit être un règlement de comptes entre gens du milieu que je défends, certes, sans en épouser les rivalités... Si j'apprenais quelque chose, je pourrais éventuellement vous faire signe, mais ça m'étonnerait.

Il jette un coup d'œil sur la carte de visite, secoue la tête :

– J'ai votre adresse et votre numéro de téléphone à Washington... Vous êtes venu exprès de Washington?

– De Los Angeles, rectifie Baker. J'ai une antenne californienne sur Wilshire Boulevard, à deux pas du Federal Building. Je n'ai qu'un saut à faire lorsque les affaires dont je m'occupe dépassent le cadre du privé.

« C'est bien ce que je pensais, se dit Ferrus. Tous les mêmes, ces privés, qui bouffent à tous les râteliers. » Puis à haute voix :

– Je peux quand même vous dédommager de vos frais d'enquêtes, dit-il. Ainsi les « amis » d'Isabel Giraldi ne seront pas les seuls à les supporter... Vous me parliez du gardien Broderick. Un ivrogne, toujours à me courir après pour quémander un avantage. Vous parlez si je le connais. Tout le monde s'en plaint à San Quentin. Mon ami le directeur, comme les malheureux détenus qui le subissent.

– Hum... fait Baker.

– Je vous assure. Parce que j'ai refusé de lui offrir des étrennes au début de l'année, il a promis qu'il se vengerait. On me l'a répété. Alors, tout ce qu'il pourrait dire sur mon compte...

– Évidemment, consent Baker. Mais la lettre qu'il vous aurait apportée?

Ferrus hausse les épaules.

– Foutaises, cher monsieur. Elle aurait servi à quoi, cette lettre, je vous le demande...

– Peut-être à connaître les intentions de Dominique Giraldi, non? Une chose est sûre, c'est que sa femme a été enlevée peu après, dans des conditions dramatiques au cours desquelles un petit truand a été laissé sur le carreau et un agent grièvement blessé. Je ne sais pas si les officiels avancent dans leur enquête, mais moi, j'ai ma petite idée là-dessus.

Ferrus a maintenant l'air sombre. Son aisance simulée du début de l'entretien a disparu et il est redevenu l'homme apeuré et effrayé qu'il était lorsqu'il avait ingurgité le compte rendu du *Chronicle*.

– Vous ne m'avez pas dit combien vous vouliez pour vos frais, finit-il par dire en se dirigeant vers un secrétaire de palissandre.

Baker a un large geste de la main.

– Rien pour le moment. Nous verrons cela à la fin de l'enquête, quand je ferai l'addition. Il est certain que si je retrouve Isabel Giraldi avant tout le monde, je me ferai un plaisir de passer la note au chapitre des profits et pertes. Ah, un conseil : ne cherchez pas à contacter Broderick. Il est actuellement en cure de désintoxication. Il en avait bien besoin.

19

San Francisco, 18 janvier.

– Manquait plus que ça, grogne Pumpkin. Avec le peu d'hommes disponibles qu'il me reste, il va encore falloir que je colle un garde dans la chambre de Primley !

Il y a une heure à peine, quand il avait abandonné les hommes de l'Identité judiciaire au labo du Central, il avait eu l'impression que les choses allaient enfin tourner en sa faveur. Le meurtre brutal de Gloria Simpsons prouvait que les ravisseurs d'Isabel Giraldi étaient aux abois. Giuseppe Foata, l'homme identifié par Primley grâce aux fichiers de la DEA, était sans doute mouillé dans ce nouveau crime. C'était en tout cas une hypothèse qui valait la peine d'être vérifiée.

A l'instant, un rapport de l'Identité venait de lui donner raison : des empreintes correspondant à celles du Napolitain avaient bel et bien été relevées dans la loge de la malheureuse propriétaire du Comedia. L'étau se resserrait autour de Foata. Il ne lui restait plus qu'à envoyer un double du rapport aux gens du FBI et à diffuser un avis de recherche.

Son enthousiasme s'était envolé lorsque le capitaine avait entrebâillé la porte de son bureau :

– Toujours aussi ponctuel à ce que je vois, Franklin. Ça avance, votre affaire?

– Pas mal oui, capitaine. Vous recevrez le rapport de...

– Très bien, l'avait-il interrompu. Dites-moi, Franklin, ne m'aviez-vous pas dit que vous vouliez tenir secret le lieu de l'hospitalisation de l'agent Primley? Vous avez vu les canards de ce matin?

– Pas encore, avait bredouillé Pumpkin, pressentant une catastrophe. Qu'est-ce qui se passe?

– Il se passe que les journalistes ont appris qu'il était en vie, et qu'ils publient tous des articles à sa gloire... Un vrai héros, notre Primley! Mais une sacrée connerie, aussi! Qu'est-ce qui vous a pris, nom de Dieu! Regardez, ils donnent même le numéro de sa chambre du Medical Center. Vous voulez qu'il se fasse descendre, ou quoi?

Abasourdi, Pumpkin n'avait pas répondu tout de suite.

– Je n'ai prévenu personne! s'était-il enfin exclamé.

– On verra. Pour le moment, il y a des dispositions à prendre, lieutenant. Et urgentes, si vous voulez bien me croire.

La porte avait claqué. Pumpkin avait verrouillé son tiroir, enfilé son imper de service, resserré l'écharpe de laine que madame Franklin lui avait tricoté pour sa fête, fait irruption au poste de police.

– Teichner est là?

Le brouhaha s'était subitement calmé à son entrée.

– Pas encore, lieutenant.

– Naturellement! Vous me l'envoyez au Medical Center dès qu'il se pointe. Je l'attends au bureau des entrées.

Sous la voûte du Central, le vent glacial l'avait saisi. Il avait sauté dans la voiture de service, foncé vers l'hôpital.

La grosse horloge du bâtiment principal marquait six heures quarante lorsque ses appels de phare avaient attiré l'attention du gardien du parking. Avec la suffisance d'un chef d'état-major, il avait consenti à quitter sa guérite.

– Il n'y a que les médecins et infirmiers qui peuvent stationner ici le matin, lieutenant...

Le regard de Pumpkin lui avait aussitôt fait perdre toute assurance.

– Je vous conseille de ne pas me faire perdre du temps, avait grommelé le policier d'une voix sans réplique.

L'homme avait fini par lever la barrière, non sans grogner que la police avait tous les droits.

Pumpkin subit maintenant les coassements de l'infirmière responsable du service, une matrone aux cheveux poivre et sel relevés en chignon, à la poitrine en perdition, et dont l'haleine aigre l'oblige à se tenir à distance.

– Avec la meilleure volonté, il faut nous laisser faire les soins et le ménage, lieutenant. Les visites commencent normalement à neuf heures.

– Ce n'est pas une visite. Je viens organiser la sécurité de mon agent dont la porte doit être interdite à tous. Il faut que je voie où je peux placer mes hommes.

– Je sais bien, lieutenant, mais pour le moment, on en est à changer ses pansements. Alors il faut attendre.

Pour prendre son mal en patience, Pumpkin se résout à faire les cent pas dans le couloir sous les regards étonnés des membres du personnel. La salle d'attente est l'antre de la désolation. Un tombeau triste et froid sous la lumière crue des néons. Une crypte plutôt, avec ses murs ripolinés, son plafond en ogive et ses vitraux en losange, encadrés de rouge. « Pas possible, ça doit servir de chambre mortuaire », pense-t-il. Des portes claquent, livrant passage à des silhouettes affairées en blouse grise que sa présence semble réveiller puisqu'il capte des coups d'œil lancés à la dérobée dans sa direction.

La vieille fille chausse enfin des bésicles qu'une fine chaînette dorée retient à son cou.

– Votre agent a eu une nuit agitée. Comme en ce moment il se repose, vous n'avez pas intérêt à le déranger. Vous vouliez faire quoi, au juste, dans sa chambre ?

– Prévoir l'emplacement d'un lit de camp pour assurer sa protection 24 heures sur 24.

La matrone plisse le front. Elle marque un temps d'arrêt. Ce policier se rend-il compte de la gravité de l'état de son collaborateur ? Elle est loin d'en être sûre, aussi son nez se pince-t-il de plus en plus. C'est d'un ton plus sec qu'elle rétorque :

– Parce que vous le croyez capable de supporter des allées et venues toute la journée dans l'état où il se trouve ? Ne serait-il pas préférable de monter la garde devant sa porte ?

– Debout ?

– Debout ou assis, ça vous regarde. Vous n'aurez qu'à mettre une chaise. Mais je vous préviens, je veillerai au grain : interdiction formelle de fumer ou de troubler le service. Parce que, question éducation, on ne peut pas dire que vos hommes soient un modèle du genre !

Bill Franklin bredouille un remerciement. Le dos voûté, il regagne le hall d'entrée puis le parking au moment où la voiture du sergent Teichner se gare à son tour, gyrophare tournant.

Le policier baisse la glace couverte de buée :

– Qu'est-ce qu'il y a encore de cassé, lieutenant ? On m'a dit de venir là toutes affaires cessantes.

Un instant, Bill Franklin considère son subordonné d'un œil torve. Depuis la fusillade du Comedia, il ne peut s'empêcher de le considérer comme responsable de la blessure du jeune Primley. Et l'indifférence dont il a fait preuve en découvrant le corps de Gloria Simpsons n'a fait que renforcer la mauvaise impression du lieutenant.

– Toutes affaires cessantes ? dit-il d'une voix où perce une rage mal contenue. Vous vous foutez de ma gueule, sergent ! Vous avez vu l'heure ? Je constate que vous étiez une nouvelle fois en retard. Et qu'à cause de vous, les emmerdements s'enchaînent depuis le Comedia Palace. Voilà ce que vous allez faire. L'infirmière en chef va vous prêter une chaise, et vous resterez à surveiller la porte de la chambre de Primley jusqu'à nouvel ordre. Interdiction à quiconque d'y pénétrer sans autorisation. Compris ?

Teichner fait basculer sa perruque, la remet rapidement en place, avant d'acquiescer.

– D'accord, lieutenant. Personne ne rentre, si je comprends bien.

– Personne. Sauf le toubib ou les infirmières, naturellement. Mais aucune visite extérieure. Et tenez-moi au courant de tout incident...

En reniflant de dépit, Teichner éteint le gyrophare, quitte sa voiture.

– Excusez-moi, lieutenant, dit-il avec une politesse affectée. Je serai relevé quand ? Parce que j'avais promis à ma femme...

– Si elle trouve le temps trop long, votre femme, coupe Franklin, excédé, on lui conseillera de venir planquer avec vous. Ça vous distraira tous les deux.

***

Giuseppe Foata n'a pas besoin d'une grande imagination pour se croire dans une scène de *la Ruée vers l'Or*. Il lui suffit de fermer les yeux. Malgré le fog qui s'étale sur la baie, il a ouvert la fenêtre pour prendre l'air de Chinatown qui monte jusqu'à lui.

Il ne peut s'empêcher de trouver à ce quartier un charme malsain, trouble, qui contraste avec l'élégance feutrée de Moraga Street, où il résidait jusqu'à présent. Les innombrables passages, les tortueuses impasses grouillent en cette fin de matinée d'une population interlope, colorée, bruyante, royaume d'outre-mer implanté au hasard des rues sales.

L'Orient a chassé l'Amérique. Grant Avenue s'est transformée en une scène, comme pour une opérette dans laquelle chacun semble tenir son rôle. Un écrivain public est assis par terre devant une table basse. Son client, installé dans le fauteuil d'un barbier, lui explique ce qu'il veut exprimer cependant que l'homme de l'art lui arrache les poils un à un. A quelques mètres de là, un épicier a bâti son échafaudage de boîtes de conserves devant la boutique qui offre, suspendues au plafond, toutes les variétés de vin chinois. Un diseur de bonne aventure dispose des cartes dans la main d'un touriste en short qui semble perplexe : un oiseau au plumage multicolore va venir poser son bec sur l'image qui lui dira son avenir.

Le logement que lui a fourni Guettaro est bien tel que le prévoyait Giuseppe : minuscule mais confortable. On s'étonne de le découvrir au recoin de cette bâtisse vieillotte, à toit de pagode.

– C'est dans la gueule du loup qu'on est le mieux caché, lui avait dit Pascal, lors du dîner à La Pasta. Tu as une nouvelle identité, maintenant il te faudra sans doute changer de crémerie. Ma crèche de Clay Street est à ta dispositon en cas de besoin. La clé est derrière le tuyau de gaz, près du plafond. Tu grimpes sur le rebord de la fenêtre du palier pour l'attraper...

Il a de l'instinct pour trouver les cachettes, le beau Pascal, malgré son air de rêveur. Bien malin celui qui le cueillera...

Mais Giuseppe n'a guère le temps de philosopher sur sa situation de hors-la-loi qui veut qu'on apprenne à vivre, au hasard des événements, dans les décors les plus divers, tantôt riches et tantôt misérables.

Il a d'autres soucis.

Dont un problème qui le préoccupe gravement. En revenant de Wilderness, il avait réglé dans la nuit la « question » Gloria Simpsons. Une formalité pour ce tueur entraîné qui, pour l'occasion, avait voulu s'amuser un peu, délaissant son 11.43 habituel pour un simple câble électrique arraché sur place à une lampe. Au petit matin, de retour à Moraga Street, il avait trouvé un mot sous sa porte, griffonné à la hâte : *Attenzione, pericolo. Telefonare urgente*. Le coup de fil donné aussitôt à Pascal Guettaro d'une cabine voisine ne l'avait guère rassuré.

– Tu as trouvé mon mot?

– C'est pour ça que je vous appelle. Il y a danger ou quoi?

– Ce matin, quand j'ai voulu rendre visite à Ferrus, je suis tombé sur des flics qui planquaient à proximité de chez lui. Ils ne m'ont pas vu. Mais j'ai l'impression qu'il y a eu fuite quelque part... Tu devrais foncer là où je t'ai dit...

– Quelle fuite peut-il y avoir? Je viens de m'occuper de la bonne femme du motel. C'est fini. Plus de témoin!

La voix de Guettaro résonnait dans l'écouteur :

– Tu crois ça? Tu as lu les journaux?

Giuseppe étouffait dans la cabine. Une seconde, il avait entrouvert la porte pour respirer un peu, puis l'avait refermée, le sourcil froncé, le front barré d'un pli au-dessus des lunettes de soleil.

– J'arrive de Wilderness... Qu'est-ce qu'il y a, dans les canards?

– Le flic sur lequel tu as tiré n'est pas mort. Il est au Medical Center. C'est un témoin emmerdant, un flic... S'il parvenait à t'identifier... Tu veux un coup de main?

La proposition de Pascal Guettaro l'avait humilié.

– Je suis assez grand pour régler mes affaires tout seul, monsieur Pascal.

– Comme tu veux. En tout cas, sois prudent.

Foata rumine chaque mot de Guettaro. Plus il y réfléchit, plus son cœur se glace de fureur. De fait, qui connaît son existence? Giraldi, bien sûr. Mais Giraldi est à l'ombre pour un bout de temps et il ignore sa planque de Moraga Street. Il a de plus prouvé qu'il n'était pas homme à faire des confidences aux flics. Sa femme? Elle n'est au courant de rien. Medioni? Guettaro? L'un et l'autre l'ont plusieurs fois averti que si ça ne gazait pas, il lui faudrait rapidement les rejoindre au Brésil en attendant des jours meilleurs. Reste Ferrus.

Si la police planque devant chez l'avocat, c'est qu'il y a problème de ce côté-là...

Dans la chambre exiguë, Giuseppe respire l'air froid à pleins poumons par la fenêtre grande ouverte sur les senteurs chinoises de Clay Street. Cela le calme un peu. Il se rappelle une phrase de Pascal à la fin de leur dîner, à La Pasta :

– Tu vois, Giuseppe, j'ai fait pas mal de conneries dans ma vie, mais il y en a une qui a failli me coûter cher. C'est d'avoir laissé un témoin derrière moi.

Giuseppe commence à réaliser.

Implacablement, le schéma se construit.

Jésus Rubio, abattu par Primley, a rejoint ses ancêtres chicanos. Gloria Simpsons s'en est allée de son côté débiter ses fadeurs au paradis des divettes. Il ne reste qu'un flic à éliminer pour que le nettoyage soit complet. Et puisque ce flic a pris pension au Medical Center, il doit bien y avoir un moyen de l'approcher.

« C'est un témoin emmerdant, un flic », a dit Guettaro.

Giuseppe est d'accord.

Il faut liquider Primley. Son nom revient sur le tapis, comme la plaque d'un joueur qui s'obstine sur le même numéro.

Primley, c'est à moitié réglé. Mais il y a aussi Ferrus. Il en sait long, Ferrus, sur son compte...

Giuseppe referme la fenêtre, enfile son pardessus, coiffe son chapeau à larges bords. La main sur la crosse de son arme, il descend l'escalier, de sa démarche de fauve souple et silencieuse.

Sur Grant Avenue, il presse le pas. Il entre au salon Kan's, commande un thé au jasmin, prend un jeton de téléphone et gagne la cabine au sous-sol. Il cherche sur l'annuaire le numéro du Medical Center, enfonce l'une après l'autre les touches correspondantes :

– J'écoute? dit une voix de femme.

Foata contrefait la sienne.

– De quelle heure à quelle heure les visites sont-elles autorisées? demande-t-il. Parce que je dois me rendre près d'un collègue et je ne me souviens plus de ce que l'on m'a dit.

– Quel service?

– Chirurgie, je crois. Vous savez bien, l'agent qui a été blessé en service commandé. Primley.

Un pianotement d'ordinateur puis :

– Primley, du Central Police?

– C'est ça, oui.

– Visites interdites pour Primley. Depuis ce matin... On ne vous l'a pas dit?

Foata ne se démonte pas pour si peu.

– Je suis de passage. J'habite Sacramento.

– Il vous faut une autorisation du lieutenant Franklin.

– D'accord, concède Foata. Merci beaucoup.

Visiblement, les flics ont pris leurs précautions. Peu importe. Il n'a pas d'autre choix que de régler le sort de ce Primley de malheur, ou de fuir, tout de suite, sous la fausse identité de Manuel Alancio, en laissant derrière lui la situation se dégrader. Pas son genre... « J'ai fait pas mal de conneries dans ma vie mais il y en a une qui a failli me coûter cher. C'est d'avoir laissé un témoin derrière moi », disait le beau Pascal.

Foata se secoue.

Une fois les révélations rentrées dans la gorge du flic, il aura encore de beaux jours en perspective devant lui.

20

San Francisco, 18 janvier.

Une immense carte plastifiée parsemée de drapeaux miniatures représentant les points de vente de la drogue dans l'État de Californie occulte tout le panneau du bureau de Regis Jefferson, au rez-de-chaussée de l'immeuble de la Drug Enforcement Administration.

– Je vous avais pourtant recommandé de ne jamais mettre les pieds ici ! s'emporte Jefferson, vautré dans son fauteuil d'aluminium. Et dans votre tenue d'infirmier, encore ! Comment voulez-vous rester un de nos correspondants qualifiés si vous vous faites griller de la sorte ?

Les bras ballants, comme un gorille impatient, le Noir Douglas Parker tente de se justifier :

– J'ai fait attention, chef. Je ne pouvais pas vous téléphoner de l'hôpital, les hommes du lieutenant Franklin s'y tiennent en permanence.

– Et alors ? Il n'y a pas d'autres cabines, en ville, pour me joindre ?

– Si, bien sûr. Mais je préférais vous dire de vive voix ce que je sais. Je vous avais prévenu qu'un type avait téléphoné pour savoir quand on pouvait rendre visite à Primley. Eh bien, je crois que je l'ai vu...

Les yeux de Jefferson s'arrondissent.

– Qu'est-ce que vous me chantez là, Doug?

L'infirmier reprend son souffle, se lance d'un trait.

– Vous savez que le rond-point du service chirurgie donne sur quatre couloirs en étoile et que, de la cabine vitrée centrale, on contrôle les allées et venues du personnel et des visiteurs. Même qu'on a en plus un circuit de télévision intérieure pour voir dans les coudes...

– Oui, et alors, s'impatiente Jefferson en consultant sa montre. Dépêchez-vous, je suis pressé...

Douglas Parker se penche vers lui, ses grandes mains appuyées sur le bord du bureau métallique.

– D'habitude, quand quelqu'un vient voir un malade, il entre directement dans la chambre et s'en va la visite terminée. Il ne revient pas trois fois dans le couloir en faisant semblant de chercher quelque chose, il ne va pas deux fois de suite aux toilettes et il n'évite pas à ce point la guérite centrale! Chose curieuse, le type n'est jamais allé jusqu'à la chambre de Primley devant laquelle un policier monte la garde en permanence, assis sur une chaise.

Il s'arrête pour juger de l'effet produit, se redresse, bombe le torse comme chaque fois qu'il entame un discours qui lui donne de l'importance.

– Et vous en avez déduit quoi?

– Que ce gars est bizarre, chef. Un grand type au teint mat, avec une chevalière en or à l'auriculaire gauche. Et je vais vous dire mieux...

– Quoi donc? interroge Jefferson, le sourcil levé.

– Il était armé.

– Comment le savez-vous?

– Par le mini-zoom des toilettes qui nous permet de surveiller ce qui peut s'y passer. Sécurité oblige. Il a ajusté sa veste et j'ai vu qu'un flingue était passé dans sa ceinture. Un gros, encore.

Jefferson ne répond pas. Les déductions du Noir lui semblent bien enfantines. Il soupire :

– C'est sans doute un détective du Central ou un collègue du FBI qui veut se rendre compte de l'efficacité du système de protection mis en place...

Douglas, piqué au vif, écarte les bras en signe de protestation.

– Ça m'étonnerait, chef! Parce que j'ai vu autre chose qui va vous asseoir. C'est pour ça que je pouvais pas vous raconter tout ça par téléphone. Un flic aurait mis sa voiture sur le parking, non? Eh bien, pas lui. Je l'ai suivi à distance et vous savez ce que j'ai constaté sans qu'il me voie?

– Je vais le savoir, maugrée l'homme de la DEA. Alors?

– Il a fait semblant de se promener tranquillement le long de la pelouse centrale et il a soudain disparu dans l'allée gravillonnée qui donne sur l'arrière, du côté des cuisines. Il a regardé si on ne le voyait pas et il est monté dans une voiture qu'il avait garée sur le terre-plein, derrière les containers à ordures. Les fenêtres de la chambre de Primley donnent sur ce terre-plein. Vous ne trouvez pas ça curieux?

Les mâchoires de Jefferson se contractent. Pas si enfantines que cela, les déductions du Noir. Ainsi, le piège imaginé par Olexa et lui-même, piège dont l'appât est ce Primley à demi-mort déjà et que de simples coups de fil anonymes à la presse ont suffi à monter, semble se refermer sur la proie...

– Merci du tuyau, dit-il en sortant de son tiroir un billet de cent dollars qu'il tend à Parker. J'en parle à mon collègue. Vous ne dites rien à personne et on va voir ce que nous pouvons faire. Qu'est-ce que c'était, comme voiture?

– Je vous le donne en mille, chef!

Jefferson retient avec peine un mouvement de mauvaise humeur.

– Je vous en prie, Doug. Je vous ai dit que je n'avais pas de temps à perdre.

– Une Cadillac, chef. Vous avez déjà vu un flic... pardon, un de vos collègues rouler en coupé Cadillac, vous?

21

San Francisco, 19 janvier.

Pascal Guettaro s'installe au volant de la Rolls de location que le valet du parking a avancée devant l'entrée du Sherman House, l'hôtel de San Francisco réputé pour ses chambres spacieuses, garnies de meubles anciens. Il effectue un rapide demi-tour, file vers Marina Green. De la main droite, il sort une cigarette du paquet qui traîne en permanence sur le tableau de bord, la plante nerveusement entre ses lèvres, enfonce le bouton de l'allume-cigare. Le rétroviseur lui renvoie son image : chevelure noire sur le teint mat, noire comme son regard, noire comme ses sourcils et la cravate qui tranche sur ses habituels chemise blanche et costume gris. Un costume qui porte à la boutonnière, seule note de couleur dans sa mise, un discret ruban dont il serait bien incapable de définir l'ordre auquel il appartient.

Un déclic se fait entendre. Pascal Guettaro présente le spiral rougeoyant à l'extrémité de la cigarette, le replace dans son fourreau. Au feu de Lombard Street, la Rolls s'arrête. Guettaro en profite pour actionner le dégivreur. La buée commençait à voiler le pare-brise.

Peu de circulation à dix heures du matin. Les automobilistes qui, d'habitude, transforment le parc du Presidio en une piste de rodéo trépidante et nauséabonde, ont déjà rejoint leurs lieux de travail. Feu vert. La Rolls glisse, massive, vers Bay Street, puis s'engage sur Marina Boulevard qui longe Marina Green. Trois cents mètres encore, et elle s'arrête à proximité du Palace of Fines Arts, le capot dirigé vers la grille d'entrée. Guettaro coupe le contact. Il consulte les aiguilles du tableau de bord, les confronte avec celles du chronomètre en or qu'il porte au poignet gauche, jette un coup d'œil circulaire. Un regard de vautour qui s'arrête une seconde sur un jardinier soudé à sa tondeuse à gazon. Rassuré, il quitte sa voiture, fait les cent pas devant la pelouse, tire sur sa cigarette dont il exhale lentement la fumée dans l'air vif.

De l'autre côté du boulevard, deux appels de phares attirent son attention. Guettaro sourit. Maître Ferrus est exact au rendez-vous. Le Corse jette sa cigarette, verrouille la portière de la Rolls, attend que la Jaguar arrive à sa hauteur.

Le col du pardessus relevé, les bords d'un chapeau noir baissés sur les yeux, Ferrus stoppe la voiture, ouvre la portière dans laquelle Guettaro s'engouffre. A vitesse réduite, la Jaguar gagne les allées désertes du Presidio, le bois de Boulogne de San Francisco.

– Il se passe des choses graves, dit Ferrus. Des faits qui m'inquiètent.

Ses épais sourcils se sont froncés en signe de préoccupation. Tandis qu'il tire une cigarette du paquet qui ne quitte jamais sa poche, Guettaro demande :

– Qu'est-ce qui peut vous tracasser, maître?

– Un flic m'a rendu visite. Un privé, qui cherche à retrouver la femme Giraldi. Je ne sais pas où il les a prises, mais les informations qu'il m'a distillées au compte-gouttes prouvent qu'il est bien renseigné.

Guettaro tire une bouffée, plie ses mains manucurées, murmure :

– Quel genre?

– Il m'a parlé de la tentative ratée de San Quentin, de la lettre que le gardien-chef m'avait confiée, de tout, quoi...

– Pas de la planque où elle se trouve, tout de même?

Ferrus retient un geste d'irritation.

– Évidemment, sans cela il aurait délogé Isabel avant de venir me voir. N'empêche qu'il y a des mesures à prendre de toute urgence. Si un seul témoin demeure, nous risquons d'avoir des ennuis, vous, Mathieu et moi. Foata ne m'a pas donné l'impression d'être le tireur d'élite dont vous parliez. Rater le flic comme il l'a fait, dans une chambre de quatre mètres sur quatre, c'est impardonnable. Maintenant, il va falloir compter avec...

Guettaro observe l'avocat d'un air soucieux.

– Qu'est-ce que vous entendez par mesures d'urgence?

Ferrus entrouvre le déflecteur pour permettre à la fumée de s'échapper.

– Si un témoin raconte sa vie à la police, nous risquons de ne pas nous en sortir. Il faudrait déjà éliminer le flic, en priorité. Ça ne doit pas être difficile au Medical Center.

Guettaro approuve de la tête.

– Foata s'en occupe.

– S'il est aussi adroit que la première fois, ça promet, ironise Ferrus. Vous comptez l'aider?

– Il veut agir seul... Ensuite?

L'allée que suit la Jaguar est toujours aussi déserte. Au-dessus des pelouses, les branches des arbres s'alourdissent de brouillard. La faible clarté de lumière atteint tout juste le macadam luisant. Ferrus allume ses lanternes.

– L'autre danger, c'est Isabel. Toute l'opération que nous avions imaginée n'a plus de sens. Ça devient trop dangereux. Il faut prendre du large, Pascal. Si on la découvre, je vous laisse imaginer ce qui arrivera...

– Qui voulez-vous qui aille la chercher à Wilderness? L'endroit est désertique, les gardiens ont pour mission de défendre l'accès à quiconque. J'ai remis à Giuseppe l'argent qu'il fallait pour ça. J'ai même doublé la mise. Vous pensez à quoi?

Un sourire cynique retrousse la lèvre de l'avocat.

– A ce que vous pensez, vous aussi. Le silence est synonyme d'impunité. Surtout quand il est éternel. Pour moi, il n'y a pas d'autre solution. Notre tranquillité, notre liberté avant tout. Vous, comme Medioni, allez et venez comme vous l'entendez à partir de votre perchoir brésilien. Même si on vous soupçonne de tous les trafics possibles et imaginables, il n'existe aucune preuve contre vous. Et si, par hasard, il y en avait, vous êtes hors d'atteinte, bénéficiant des faveurs des autorités de Rio. Pour moi, il en va autrement. J'ai tout à perdre, ma réputation, ma fortune, ma vie, car je ne supporterais pas la détention. Il faut donc faire le vide... Je vais même vous dire mieux. Quelque chose qui va vous faire bondir. Si j'étais vous, je chargerais votre fameux tireur Foata d'éliminer Isabel et les gardiens par la même occasion. Je l'éliminerais ensuite, définitivement. Entre nous, il vous sert, ce tueur, mais vous n'y tenez pas tellement. Il a suffisamment fait de sottises pour disparaître à son tour. Giraldi ne pourra rien dire puisque personne ne retrouvera les corps. Au besoin, j'irai vous donner un coup de main. Je ne connais pas le coin, mais les coyotes doivent y pulluler...

Pascal Guettaro détourne la tête. Les bouffées de sa cigarette masquent le rictus de mépris qui lui tord la bouche. Cette larve de Ferrus perd les pédales. Aller jusqu'à proposer de liquider Giuseppe, un *soldati* qui a toujours su s'acquitter des missions qu'on lui confie, même les plus délicates. Qui voue son existence au parfait fonctionnement de l'Organisation. Qui donnerait sa vie pour Mathieu ou pour lui-même.

Oui, Ferrus déraisonne. Le danger ne vient pas du Napolitain qui a fait ses classes dans les rangs de la Camorra et sait ce que signifie l'*Omerta*, la loi du silence. Il irradie de cet avorton d'avocat, grandiloquent dans les prêtoires et qui sue de trouille à la moindre alerte, prêt à tout pour sauver sa peau!

– Et le privé et le gardien-chef, qu'est-ce que vous en faites? dit-il en se tournant vers lui. On ne peut pas liquider tout le monde par un simple coup de baguette magique!

Ferrus agite la main pour balayer la fumée que lui a expédiée Guettaro.

– Que voulez-vous qu'ils fassent? A partir du moment où les témoins directs se sont volatilisés, les autres bavardages n'ont plus la moindre importance. C'est notre survie qui commande, Pascal, croyez-le. Surtout que Foata n'essaie pas de me contacter, ni au bureau, ni chez moi. Vous voyez les précautions que je prends pour vous rencontrer.

Guettaro regarde par la vitre de droite. La Jaguar qui a retrouvé le rivage amorce un demi-tour au pied du pilier sud du Golden Gate Bridge. L'eau est vert pâle, légèrement moutonneuse, comme à son habitude. Et le brouillard toujours aussi dense aux sommets du pont.

– Vous avez raison, finit par concéder Guettaro. Guiseppe devient gênant pour tout le monde. Il faudra s'intéresser à lui quand toute l'affaire sera réglée. Et quand je dis s'intéresser, vous comprenez ce que je veux dire, maître?

Il appuie son propos d'un clin d'œil de connivence qui n'a pourtant pas pour effet de rassurer complètement Ferrus. Son hochement de tête sans conviction en est la preuve.

– Maintenant, maître, ramenez-moi à ma voiture. Et ne vous en faites pas pour la suite des événements.

Il ne faut que quelques minutes à la Jaguar pour récupérer la Rolls de Guettaro dans l'allée du Presidio. Pensif durant le trajet, le Corse affiche un large sourire lorsqu'il prend congé de l'avocat.

– Je vous fais parvenir une nouvelle provision, dit-il.

Et comme Ferrus émet un discret signe de protestation :

– Si, si, j'y tiens, ajoute-t-il. Ne serait-ce que pour vous honorer des ennuis passagers que nous vous causons et pour couvrir les frais à venir.

La lueur rougeoyante des feux de la Jaguar s'éloigne dans la brume matinale. Guettaro tourne la clé de contact de la Rolls. Une grimace a remplacé le sourire qu'il arborait quelques secondes auparavant.

– C'est de toi, avocaillon de merde, que Giuseppe va s'occuper, profère-t-il en quittant l'allée. Et le plus vite sera le mieux.

22

San Francisco, 19 janvier.

Quasi déserts à cette heure avancée de la nuit, les bâtiments du Medical Center semblent immergés, comme un iceberg, dans le silence et l'ennui.

Giuseppe Foata quitte discrètement le compartiment des toilettes hommes de la division « Médecine Générale » où il s'est enfermé en fin de soirée. Quelques minutes plus tôt, il a eu du mal à se reconnaître dans la glace du lavado, stupéfait lui-même d'avoir pu modifier à ce point sa physionomie en plaçant des boules de coton dans ses joues, pour leur donner cette rondeur sympathique, cette bonne tête de chirurgien ou d'infirmier que complètent la blouse blanche et le stéthoscope en pendentif.

Lors de sa première visite des lieux, aucun détail ne lui a échappé. Il a repéré le local du deuxième étage où sont entreposées les chaises roulantes destinées aux handicapés et les brancards à blessés. Il a « logé » aussi le flic, assis en permanence devant la porte de Primley mais qui, de temps à autre, éprouve le besoin de se dégourdir les jambes ou d'aller fumer une cigarette sur le balcon de la galerie. S'il ne parvient pas à s'en débarrasser par la ruse, une manchette à la nuque fera l'affaire.

Comment l'affaire ne réussirait-elle pas? Tous les atouts sont maintenant de son côté. Une fois Primley définitivement hors course, ce sera un jeu de s'esquiver par la sortie de secours, dont la lumière verte brille au fond du couloir, puis d'escalader le muret qui sépare l'aire de l'hôpital du terrain vague où il a garé sa Cadillac, derrière le transformateur. Elle est un peu loin, bien sûr, mais les containers destinés à l'enlèvement des ordures ont été mis en place devant les cuisines et, la nuit, la barrière du parking risque fort d'être fermée.

Le Napolitain s'engage dans la cabine de l'ascenseur, appuie sur le bouton du deuxième étage. La guérite du rond-point est vide de surveillant. Le regard tendu, le tueur scrute la demi-obscurité du couloir qu'éclairent, çà et là, des hublots teintés de bleu, puis ouvre la porte du réduit, s'empare d'une chaise orthopédique et la pousse devant lui en direction de la chambre de Primley.

La disposition du deuxième étage est identique à celle des étages inférieurs : même alignement de pièces numérotées, mêmes issues de secours, mêmes fenêtres à guillotine... Le policier de garde n'est pas le même que celui de l'après-midi. A la vue de la blouse blanche se mouvant dans sa direction, il s'empresse de camoufler le mégot rougeoyant dans le creux de sa main.

D'une voix assurée, Foata l'apostrophe.

– C'est défendu de fumer, ici, mon vieux!

– Je ne fume pas... Je têtais...

Giuseppe désigne la main fermée.

– Et ça? Et l'odeur? Si le patron passait, c'est le rapport aux fesses... J'en ai pour trois minutes à changer les draps. Si ça vous dit, vous allez tirer une bouffée sur la galerie. Mais pas plus de trois minutes, hein?

Le jeune flic balbutie un remerciement. Dès qu'il a disparu de sa vue, Foata se colle à la porte, écoute. Il ressent dans sa tête ce petit coup sec qu'il connaît bien, qu'il a toujours ressenti au moment de l'action. Ce n'est pas de la peur. C'est, une fraction de seconde, l'appréhension de ne pas réussir. D'un regard circulaire, il parcourt à nouveau le couloir désert. Il perçoit, venus d'une chambre lointaine, quelques gémissements, mais à part ça tout est calme. Immobile dans l'encadrement de la porte, les jambes écartées pour asseoir sa position, il serre dans sa main droite le manche du poignard qui va plonger dans le cœur de Primley. La lumière rouge du couloir se met à clignoter au fond du couloir.

Il faut agir. Vite.

Foata fait jouer doucement le pêne. Il ne perçoit que les gouttes d'eau d'un robinet mal fermé. Le panneau pivote sans bruit sur ses gonds bien huilés. La chambre est plongée dans le noir avec, au-dessus du lit, une veilleuse qui diffuse un halo jaunâtre. Et, dans le lit, Primley qui repose, la tête dissimulée par un bandage.

Foata crache les morceaux de coton qui déforment ses joues, s'approche du lit, sort le poignard dont la lame effilée va ôter au flic son dernier souffle de vie. Son bras s'élève, reste en suspens... Il a senti, plus que perçu, un danger du côté de la penderie. Un bruit suspect, à peine audible tandis que des murmures s'élèvent dans le couloir. Et puis, brusquement, la main de Primley jaillit des draps, pointant sur lui un pistolet de fort calibre.

– Police! dit le blessé. Les mains en l'air!

Deux lampes s'allument en même temps tandis que la porte de la penderie s'ouvre, dégageant la haute stature d'un homme armé lui aussi d'un pistolet.

– Tu es fait, Foata! crie-t-il.

Le Napolitain, tétanisé, voit encore la porte s'ouvrir à la volée sur le flic de garde qu'il croyait avoir éloigné, et qui braque sur lui son arme de service. Le frisson glacé qui a pris naissance entre les jambes de Foata remonte tout au long de sa colonne vertébrale. Pourtant il a vite recouvré son sang-froid. Ses réflexes de tueur lui donnent un vrai talent de comédien.

– C'est bon, dit-il d'une voix geignarde. Ne me faites pas de mal.

Il jette le poignard, fait mine de lever les bras.

– Vous êtes quoi? dit-il piteusement. Le FBI, la police, les Narcos?

– DEA, claironne le grand échalas en sortant une paire de menottes de sa poche.

Foata, docile, tend ses poignets, les yeux baissés en signe de soumission. Et brutalement ses poings frappent le bras armé de l'homme des Narcos, dont le Colt tombe aux pieds du Napolitain. Avant même que les agents de la DEA aient pu réagir, le Colt est sur la tempe du faux blessé qui tentait de se dégager des couvertures. D'une torsion de poignet, Foata le déleste de son arme. Sa voix coupante refroidit les deux agents.

– Pas mal joué. Un geste et je lui fais péter le crâne.

Sa main valide a fouillé la poche gauche de sa veste. Une grenade apparaît, qu'il dégoupille avec les dents. Le pouce appuyé sur la cuiller il ordonne :

– Vous, le faux flic, le flingue à terre et coucouche dans la penderie. Vous aussi, avec vos menottes.

Terrorisés par la grenade, les deux « Narcos » obéissent sans un mot, les mains levées. Dans le lit, leur collègue se met à trembler. Foata le regarde avec mépris.

– Vous étiez plus courageux tout à l'heure, dites donc ! Debout et allez tenir compagnie à vos amis.

Grotesque, l'homme recule jusqu'au placard d'une démarche de crapaud. La honte et la peur se mêlent sur son visage.

Foata donne un tour de clé à la penderie, en fait autant avec la serrure de la porte. Il revient à la fenêtre, soulève la glace inférieure. Deux étages plus bas, l'allée donnant sur les containers est déserte.

Le Napolitain se débarrasse de sa blouse, enjambe la barre d'appui, s'installe en équilibre sur le bord de la baie, se laisse pendre dans le vide, les mains agrippées au rebord métallique de la fenêtre. Il n'y a qu'une solution : sauter.

Les muscles des bras saillant à craquer, Foata reste quelques instants accroché à l'arête. Puis il se décide.

Le contact avec le sol est brutal. Le tueur roule sur lui-même, son bras vient frapper de plein fouet le trottoir en béton. Aussitôt, il ressent un élancement aigu, de l'épaule jusqu'au bout des doigts. Un fourmillement inattendu a envahi son crâne, l'espace de quelques secondes, semblable au KO des boxeurs.

Il se relève. L'heure n'est pas aux atermoiements. La souffrance s'accroît. Tenant son bras droit serré contre sa hanche, il gagne le muret de séparation, se coule entre les barres à claire-voie.

Il grimace lorsqu'il s'installe au volant, appuie sur l'accélérateur. La Cadillac se dégage. Foata reprend courage. Il n'a pas peur de la mort. Ses missions de tueur l'ont apprivoisée. Il faut l'accepter quand elle se présente, l'aimer, pourquoi pas.

Le piège des hommes de la DEA a raté. Dans le fond, le Dieu de la Camorra l'a protégé.

Ou le Diable.

***

La poignée de main molle de James Bryce à Baker et Sullivan reflète son humeur du moment. Pris dans un embouteillage au cœur de Downtown, il est arrivé à son bureau avec quelques minutes de retard. Sa ponctualité policière en a pris un coup. Mais ce sont surtout les événements de la nuit qui accroissent son mécontentement. Il se laisse choir dans son fauteuil directorial, darde sur les agents Jefferson et Olexa de la DEA un regard dépourvu d'aménité. Sa voix se fait glaciale :

– Lors de notre rencontre au Fleur de Lys, nous étions convenus d'une collaboration totale, si j'ai bonne mémoire. Or, sans m'en référer, vous avez voulu faire cavalier seul. Le résultat est à la hauteur de vos ambitions. Foata vous a glissé entre les doigts. Où en êtes-vous de vos recherches depuis que vous m'avez réveillé ?

Jefferson, mal à l'aise, s'éclaircit la gorge puis y va de son tour de piste. Il s'efforce de fournir un résumé aussi fidèle que succinct des opérations : l'information recueillie auprès d'un infirmier, la mise en place d'un piège qui n'a malheureusement pas fonctionné, avant qu'il en arrive au saut du tueur par la fenêtre du deuxième étage, acrobatie non prévue au programme. Il transpire et sa voix s'est à nouveau altérée à la fin de sa péroraison.

– J'ai la certitude que Foata ne devait pas être seul, conclut-il. On l'a vu claudiquer et se tenir le bras droit comme s'il était cassé. Pour moi, un complice devait l'attendre quelque part dans les environs au volant d'une voiture car nous en avons aperçu une qui démarrait, de l'autre côté du terre-plein, à demi-cachée par un transformateur.

Bryce pianote sur la table à un rythme qui dénote une nervosité dont Sullivan connaît trop bien les effets. Par la fenêtre, un semblant de rayon de soleil caresse la vitre de la bibliothèque. Soleil sans joie. Seul, debout de l'autre côté du bureau, accolé au chambranle de la porte, Richard Baker mastique son éternel chewing-gum. Il est calme. Très calme. Il sait depuis longtemps à quoi s'en tenir sur la fraternité policière des gens de la DEA.

– Avoir un tueur à portée de la main et le laisser filer de la sorte, j'avoue que cela me dépasse, grogne Bryce. Que les journalistes s'emparent de ce haut fait d'armes et la police tout entière sera ridiculisée ! On parlera et on reparlera de la guerre des polices ! Votre responsabilité est grande, messieurs. Vous rendez-vous compte de la gravité de la situation ? Combien de meurtres encore à l'actif de Giuseppe Foata ?

Un silence tendu suit son propos. Bien sûr, ils se rendent compte. Ils se rendent compte, surtout, que si le Gouverneur ou leur Directeur de Washington sont mis au courant de leur superbe ratage, leur carrière risque d'en prendre un sérieux coup. Pourtant, ils ne pouvaient manquer d'alerter Bryce, seul compétent pour déclencher une opération de recherches d'envergure, avec barrages sur l'ensemble des routes de la Californie.

Avec la fuite de Foata, tout s'effondre. Tout est à recommencer.

Olexa pousse un soupir déchirant. Sullivan tousse. Le sol se dérobe sous Jefferson.

– Vous parliez d'une voiture, dit Baker. Vous avez une idée de la marque? Du numéro d'immatriculation?

Olexa se retourne, pose sur Baker les yeux les plus désemparés du monde.

– Hélas non. La partie du terrain était noyée d'ombre. Il est possible que ce soit une Cadillac.

– Qu'est-ce qui vous fait dire cela?

– Notre informateur nous a indiqué avoir vu une Cadillac bleu ciel près des cuisines, à proximité des containers. Mais elle n'y a pas reparu.

– Il a relevé le numéro?

– Non.

Silence. Le chewing-gum de Baker reprend sa promenade.

– Drôle d'informateur, dit-il.

Olexa tente de justifier leur action :

– Il nous avait pourtant bien renseignés sur les intentions de Foata...

– Sans doute, coupe Bryce. N'empêche que vous êtes passés à côté de la plaque!

Oh, ce mot *plaque*, souligné d'un regard dédaigneux! Jefferson demeure figé. Olexa résiste encore :

– Nous avons eu tout contre nous. Le piège que nous avions monté devait fonctionner. Dès que vous avons eu la certitude que Foata allait tenter de se débarrasser du dernier témoin de l'affaire du Comedia, l'agent Primley a été changé de chambre, et nos hommes se sont mis en place. Une vraie nasse!

Bryce hausse les épaules.

– Un filet percé, oui! Vos méthodes de travail ne sont pas les nôtres. Je vous fais remarquer par la même occasion que la tuerie du Comedia intéresse le lieutenant Franklin, que vous vous êtes gardés de prévenir de vos intentions. Je doute qu'il apprécie votre façon d'utiliser un de ses hommes comme appât. La seule chose que l'on puisse retenir à votre crédit est que vous m'ayez prévenu et que j'aie pu faire bloquer les routes. Mais je crois que c'est plus par prudence pour la suite de votre carrière que par souci de coopération. Je ne sais pas ce que cela donnera. Je vous tiendrai au courant. Messieurs, je vous remercie.

L'entretien est terminé. Jefferson et Olexa, piteux, quittent le bureau du Supervisor. Baker, une lueur ironique dans la prunelle, attend que leur pas se soit éteint dans le couloir pour annoncer :

– Il reste une solution, James. Ils ont misé sur Foata, nous sur Giraldi et le gardien Broderick. Il nous reste à pousser le pion Ferrus. Il doit en savoir des choses, l'avocat du Milieu, vous ne croyez pas?

Quatrième partie

LA FUITE

23

Placerville, 20 janvier.

– Ah! Trenton, si je n'étais pas si près de la retraite, comment je lui flanquerais ma démission à travers la gueule, au Gouverneur!

Le shérif David O'Neil s'efforce de garder son calme. Installé à son bureau de Placerville, face à l'atelier où John Studebaker construisait des brouettes avant de devenir l'un des pionniers de l'automobile, une tasse de café posée devant lui, il contemple sans aménité la veste de smoking et le nœud papillon qu'il a jetés sur une chaise, dans l'angle de la pièce. Sa chemise empesée, à larges plis, est déboutonnée, laissant apparaître une poitrine velue.

Le sergent Trenton, sanglé dans son uniforme, garde un prudent mutisme quand David O'Neil reprend :

– Depuis douze ans que je dirige le *county*, jamais un coup comme ça ne m'est arrivé! Et le jour du mariage de ma fille encore! C'est un fait exprès! Cinquante invités...

Il vide le contenu de la tasse. C'est un homme grand, musclé, frisant la cinquantaine. Sa figure rougeaude, à l'expression énergique, s'orne d'une martiale cicatrice à la joue gauche. Ses cheveux blonds quelque peu clairsemés tombent sur un cou de taureau.

Il jette un coup d'œil à la pendule murale qui marque neuf heures moins cinq, presse brutalement le bouton de l'interphone qui le met en communication directe avec le poste de police.

– C'est vous, Bellaby? Envoyez-moi six bonshommes avec leur bordel à l'intersection des 50 et 80. Qu'ils m'interceptent toutes les Cadillac et qu'ils les fouillent à mort. Exécution.

– Lesquelles, chef? nasille la voix de Bellaby.

– Comment, lesquelles? Mais toutes, imbécile!

Il lève son index de la touche rouge de l'appareil, se tourne vers Trenton :

– Est-ce que vous vous rendez compte, Leslie? La cérémonie est à onze heures à l'hôtel de ville et à midi au temple.

Trenton se renverse contre le dossier de sa chaise, plisse ses petits yeux bridés.

– Puisque Bellaby met en place le barrage, dit-il, rien ne vous empêche d'assister à la bénédiction. Je surveillerai l'opération. Entre nous, il faudrait qu'ils soient dingues, ces gangsters, pour se balader sur les routes avec leur bagnole! A l'heure qu'il est, ils doivent déjà l'avoir planquée dans un coin, en attendant la fin de l'alerte.

– C'est sûr! approuve O'Neil, courroucé. C'est ce que j'ai essayé de leur faire comprendre aux types du FBI! Rien à faire! On m'a répondu qu'ils avaient ameuté toutes les brigades, qu'elles dressaient des chicanes et que je n'avais qu'à en faire autant.

– Partez tranquille, chef, affirme Trenton d'une voix bonasse, en haussant les épaules. Ou les truands sont loin, ou ils se planquent. D'après ce qu'on m'a raconté, ce ne sont pas des enfants de chœur. Qui vous dit, d'ailleurs, qu'ils vont passer par ici? Il en existe, des routes entre les sierras, dans toutes les directions encore, à partir de San Francisco. Ils n'ont que l'embarras du choix.

Perplexe, le shérif gagne la fenêtre qui surplombe le patio de la résidence administrative, dans le vieux Placerville. Il aperçoit, au-delà du jardin, la façade de l'hôtel de ville. Le mariage de la demoiselle O'Neil avec le propriétaire du drugstore est un événement local. Les curieux doivent déjà se presser sur le passage du cortège. La vieille cité minière, vaste et délabrée comme si elle avait été frappée par un cataclysme, va vivre des heures de liesse, au soleil qui illumine les arêtes rocheuses de la Sierra Nevada.

O'Neil rajuste son nœud papillon, de l'air décidé d'un homme qui a enfin pris son parti :

– Après tout, vous avez raison, Trenton, vous savez où me joindre... Ce barrage, c'est une connerie mais puisque vous y êtes, ouvrez l'œil et méfiez-vous quand même...

La Cadillac immatriculée 1739 LA 219 file sur la nationale 54. Foata roule vite. Il a traversé des kilomètres de zone chaotique, avant de dépasser Amador City. Pascal Guettaro, une mitraillette Uzi posée sur ses cuisses, regarde défiler le paysage derrière ses lunettes à verres teintés.

Dans deux heures à peu près, ils seront à Wilderness. C'est chez les Gimenez qu'ils attendront la fin de l'alerte avant de passer dans le Nevada.

Malgré son bras droit qui l'élance par à-coups, en véritables décharges électriques, Giuseppe se sent euphorique. Le compteur marque quatre-vingts *miles*. Le pare-brise avale le ruban goudronné.

Foata conduit du bout des doigts, en souplesse. Le rétroviseur panoramique ne reflète que la route déserte.

Bientôt, un panneau signale l'embranchement de la nationale 49, et la Cadillac ralentit à l'entrée de Placerville. Elle suit maintenant la rue principale, bordée de vieilles demeures de l'époque coloniale, la grande époque de cette région, quand les fourmis humaines s'agitaient dans les mines d'or.

Des véhicules stationnent en file indienne à la sortie du village. Plus moyen d'avancer. La grosse américaine vient doucement s'immobiliser derrière une camionnette.

Guettaro, toujours sur le qui-vive, serre la crosse de sa mitraillette.

– Qu'est-ce qui se passe? s'inquiète-t-il.

– Un mariage, répond Foata, penchant la tête hors de la portière.

Il met le levier de vitesse en position neutre, lâche la pédale du frein. Un fourgon se gare à son tour derrière la Cadillac, la touche presque.

Pascal glisse la mitraillette sous son siège.

– Ce n'est pas un mariage, dit Foata au bout d'un moment. On dirait qu'ils arrêtent les bagnoles.

Et il ajoute avec un petit rire :

– S'ils me cherchent des crosses, ils vont s'y trouver, à la noce. Doublement!

Un uniforme s'est avancé tout contre la portière, l'homme porte la main à son casque :

– Papiers, s'il vous plaît.

Le motard promène un regard professionnel à l'intérieur de la voiture, tend la main. Foata ouvre la boîte à gants. La voiture est en règle. Il ne risque rien.

L'agent déchiffre la carte grise avec un bon sourire tranquillisant, s'apprête à la rendre. Il hésite quelques secondes, se porte à l'avant puis à l'arrière de la Cadillac, prend tout son temps pour en vérifier les numéros. Puis il dévisage Foata. Longuement.

Le Napolitain, impassible, serre les dents, les mains sur le volant, affichant un air indifférent. Mais son visage trempé de sueur le trahit.

– Voudriez-vous descendre?

Le motard a posé la main sur la poignée de la portière.

Foata réagit. Déjà, il a passé le levier de vitesse sur la position 2. Il écrase la pédale d'accélérateur. Le moteur s'emballe. La voiture fait un bond en avant, déboîte de la file dans un hurlement de pneus. L'agent a lâché prise. Foata libère alors toute la puissance des énormes cylindres, pour foncer en ligne droite. Il écarte l'idée qu'un autre barrage puisse l'attendre plus loin. Pour l'instant, il fonce, les dents serrées.

Pascal, qui a récupéré la mitraillette sous le siège, enclenche un chargeur et l'arme, le canon baissé sur ses genoux. Ses yeux ont pris une expression cruelle. Ses mâchoires se crispent.

– Manque de pot! dit Giuseppe, le regard rivé à l'asphalte qui se déroule à une vitesse vertigineuse. On a intérêt à ne pas moisir dans le coin!

Le moteur de la voiture oublie son silence et sa souplesse. Il mugit, poussé à fond. Foata aborde le virage à une vitesse folle. Il perçoit, à travers un brouillard, des coups de sifflet. Ses mains serrent le volant. Il s'efforce de respirer lentement, pour maîtriser les battements de son cœur.

A cent mètres devant le capot, des chevaux de frise se dressent en chicanes, barrant la route.

Foata a comme un goût de sang dans la bouche, quand des robots armés et casqués lui font signe de stopper, leurs armes pointées sur le pare-brise.

– J'ai bien l'impression qu'ils sont là pour nous, murmure-t-il.

Il fait mine de se garer. De nouveau, son pied écrase l'accélérateur. La Cadillac bondit.

– Attention! crie-t-il à Pascal.

La voiture navigue, tous amortisseurs écrasés, donnant l'impression de se coucher. Foata fonce dans l'étroit passage, à peine quelques millimètres de chaque côté des ailes.

Les pantins casqués s'écartent dans une danse confuse.

Le Napolitain réussit à rétablir l'équilibre, tandis que la mitraillette du Corse crache des flammes. Le rétroviseur d'aile lui renvoie l'image de deux corps qui s'affaissent, fauchés dans leur élan.

La Cadillac tangue encore, file vers le fossé, se redresse, zigzague dans un gémissement de pneus.

Le premier obstacle est franchi.

Le second, ce sont deux voitures de police, rangées en quinconce, derrière lesquelles s'abritent deux motards.

Foata fait corps avec son volant. Rien ne semble pouvoir arrêter cette masse d'acier qui fonce à travers les balles.

Tout à coup, Guettaro fait un saut de carpe, comme s'il avait touché une ligne à haute tension. Sa mitraillette s'échappe de ses mains subitement ouvertes. Un flot de sang inonde la chemise de Foata, qui continue à accélérer, les nerfs tendus.

Giuseppe repousse le corps de Pascal, qui gêne son bras. Une brûlure soudaine a cinglé sa tempe. Le sang coule sur sa joue. Dans un tourbillon de rage, il ressasse une seule question : « Comment ont-ils fait aussi vite? Comment? »

Enfin la ligne droite sur laquelle la Cadillac continue à se balancer. Telle une bombe, l'auto traverse Placerville, indifférente aux hurlements des piétons et aux coups de klaxon rageurs des véhicules forcés de piler net sur son passage.

Pied au plancher, Foata perçoit dans tout son corps le roulis des amortisseurs. A nouveau, la Cadillac fonce en rase campagne. Brusquement, le Napolitain ressent une morsure au bras gauche. La carrosserie et le siège ont amorti l'impact. Un motard l'a pris en chasse, et tire à vue.

C'est sa vie qui se joue, sur quelques secondes. Il oublie sa souffrance, ne pense plus à rien.

Ses doigts se crispent seulement un peu plus sur le volant.

De la main droite, il saisit la mitraillette de Pascal. Il freine, lâche une rafale par la portière, au jugé. Le motard riposte, avant que sa moto se couche et racle le sol dans une gerbe d'étincelles.

Le Napolitain prend du champ. Son bolide traverse Placerville, s'engage sur le chemin de gauche, vers Coloma.

S'il arrive à Carson Pass, Giuseppe est sauvé. De là, il foncera sur Wilderness. L'imbroglio des frontières d'États lui permettra d'échapper aux flics.

L'éclaircie après la tempête.

La steppe défile, hérissée de cactus. Les mains de Foata commencent à trembler, après la tension de tout à l'heure. Il a abandonné le corps de Pascal dans une clairière, non loin de Colfax. Les coyotes s'en chargeront.

24

Markleeville, 21 janvier.

Le Napolitain a perdu sa bonne humeur. Il s'agrippe, raide et silencieux, au volant de la Cadillac. Ses lèvres pincées ne sont plus qu'un fil. Un fil aussi, ses yeux indéchiffrables derrière les lunettes teintées qui lui mangent la face.

Depuis que les flics ont abattu Pascal Guettaro, la distance semble s'être allongée de minute en minute. Il lui reste encore une étape interminable à parcourir avant d'atteindre Wilderness, à travers des territoires désertiques et montagneux, contreforts de la Sierra Nevada, avalés par l'auto qui ondule, infatigable, au gré des sinuosités de chemins impraticables.

Il va devoir bientôt l'abandonner, cette Cadillac maculée de boue que le pompiste de Camino contemplait, il n'y a pas dix minutes encore, avec un étonnement mêlé d'inquiétude. Figé devant l'ancien saloon qui lui sert de dépôt d'articles funéraires, l'homme au chapeau de cow-boy ne regardait ni la pompe préhistorique qu'il manœuvrait à grands coups de balancier, ni le réservoir dégorgeant son trop-plein. L'œil sautait de la carrosserie souillée à la balafre sanguinolente du visage du conducteur. Foata lui a trouvé un air bizarre. Une nausée de peur l'a forcé à penser tout haut, comme si le son de sa propre voix devait le rassurer : « Avec ce zèbre-là, je ne donne pas dix minutes avant que les flics soient alertés. »

Des rafales d'air frais venus de la montagne le revigorent. Il évite astucieusement la route de Picketts Jonction, s'enfonce dans un chemin rocailleux. Les amortisseurs de la Cadillac se jouent des cailloux et des ornières. Quelque trois cents mètres après le croisement, une cascade jaillit d'un rocher. Foata se range, quitte son siège et va se désaltérer, se débarrasser du sang coagulé mouchetant son visage. Un coup d'œil alentour et il extrait du coffre un pantalon de treillis et une canadienne à col de fourrure, qu'il revêt en grimaçant, tant son bras droit le fait souffrir. Il ferme les portières à clé, et jette le trousseau dans un trou d'eau, entre les graviers. Les mains enfoncées dans les poches de sa canadienne, la droite serrant la crosse du pistolet, la gauche crispée sur une grenade défensive, il revient alors sur ses pas, dans l'attente du secours d'un automobiliste complaisant.

Il a eu de la chance, Foata. A la nuit tombée, un transporteur d'agrumes aux biceps de lutteur de foire l'a déposé devant le Gun House de Markleeville. Le Napolitain a faim. L'endroit est calme, le décor original. Il s'assied à une table d'où il peut surveiller l'entrée de l'établissement, commande un hamburger et un demi de bière. Il cherche des yeux une cabine téléphonique. Seul, un appareil à manivelle à l'ébonite fêlée est posé sur l'extrémité du comptoir.

Tandis que le café coule goutte à goutte dans le filtre, il interroge la vieille femme au masque ridé.

– On peut téléphoner à San Francisco, d'ici ?

Elle le regarde, les yeux vagues. Puis, tout en continuant à rincer les verres de deux doigts sous un mince filet d'eau froide, elle lui désigne la rue d'un mouvement de son menton de sorcière :

– Pour les longues distances, faut appeler de la cabine, à côté du Temple.

Foata avale son café, règle la note, s'achemine le long de la rue principale, reflet d'un passé de chercheurs. Il escalade quelques marches, s'incruste dans la cabine sans porte, glisse les *quarters* indispensables, compose le numéro.

– Maître Ferrus, s'il vous plaît.

– De la part de qui ? répond une voix féminine.

– Un ami.

Il y a un moment d'hésitation au bout de fil. Il entend chuchoter, sans toutefois arriver à comprendre nettement les mots.

Après un déclic, une voix d'homme qu'il ne reconnaît pas, prend le relais.

– Maître Ferrus est sorti, monsieur.

– Pour longtemps ?

Nouveaux chuchotements au bout de la ligne. Sans doute, l'avocat ne veut-il pas être dérangé à neuf heures du soir.

– Je ne sais pas, monsieur. Je suis son majordome. Y a-t-il une commission à faire à monsieur quand monsieur rentrera de son dîner en ville ?

Foata hésite. Il n'a pas souvenir de l'existence d'un majordome dans la demeure de Ferrus, qui semblait plutôt s'entourer de jeunes soubrettes. Mais il n'a pas le choix.

– Non... Si... Dites-lui que son ami Pascal a eu un grave accident et que son autre ami a été obligé de partir là où il sait. Il comprendra. Vous êtes sûr qu'il est sorti ?

– Voyons, monsieur...

– Bien, bien. Dites-lui aussi que, où je serai, je ne pourrai pas le joindre avant plusieurs jours et que s'il veut faire procéder rapidement au nettoyage de Moraga et Chinatown, ça m'arrangerait.

– La commission sera faite, monsieur.

Foata, soudain, flaire le danger. N'en a-t-il pas trop dit ? Il demeure un moment indécis, adossé au muret de la cabine. Puis, il se rassure. Ce n'est pas un avocat comme maître Ferrus, salarié de l'Organisation, qui pourrait manger le morceau, même si on le surprenait en train de fouiller l'appartement abandonné ou la planque de Guettaro. Ça risquerait vite de lui retomber sur son bec de rapace.

Foata quitte la cabine alors que, de nouveau, l'inquiétude l'envahit. Comment va-t-il s'y prendre pour atteindre Wilderness en pleine nuit ? Voler une voiture ? Mais où, et à qui ?

Il revient vers le Gun House dont la vieille propriétaire s'apprête à cadenasser la porte d'entrée.

– J'ai eu San Francisco, dit-il, mais on ne peut dépanner ma voiture que demain en fin de matinée. Si vous avez une chambre de libre, je la prends. Sur l'arrière si possible, pour ne pas être dérangé trop tôt...

Dix minutes plus tard, Giuseppe Foata s'allonge, tout habillé, sur un matelas qui lui rappelle le bat-flanc de la prison de Palerme, au temps où il n'était encore qu'un aspirant mafioso.

*
* *

D'une pression de l'index, le Special Agent Lucas Carter stoppe l'enregistrement du magnétophone branché sur la ligne privée de maître Ferrus. Calé dans un fauteuil face au canapé Louis XV qui trône au centre du vaste salon de l'hôtel particulier de l'avocat, l'homme du FBI expédie un clin d'œil à la femme de chambre qu'il a réquisitionnée depuis le matin, en prévision d'appels sibyllins à son employeur.

– C'est le coup de fil que vous attendiez? s'enquiert-elle avec cette expression de crainte et de curiosité mêlées qu'elle avait déjà affichée lorsque Sullivan et ses collègues avaient débarqué au petit jour pour s'assurer de la personne de maître Ferrus.

– Je crois, murmure Carter, saisissant son combiné-radio pour composer le numéro secret du Federal Bureau. Oui, je crois que vous avez tapé dans le mille.

*
* *

Donald Ferrus fait grise mine en prenant place en face du Supervisor Bryce. Négligemment appuyé contre un des rayonnages de la bibliothèque, le Special Agent Sullivan le considère d'un regard impénétrable. L'avocat a le souffle court. Son introduction inattendue à une heure aussi avancée de la nuit dans les locaux du Federal Bureau of Investigations, après des heures de garde à vue sans que la moindre explication lui ait été fournie, a eu pour conséquence d'altérer ses traits.

– Je vous présente l'agent Sullivan, spécialement chargé du dossier Giraldi, dit Bryce.

Ferrus tourne légèrement la tête, l'incline en guise de salut.

– Pardonnez-moi de vous avoir fait perdre votre journée, mais nous aimerions obtenir votre coopération dans un dossier qui nous tient à cœur, reprend Bryce. Si vous jugez que cela vous pose quelques problèmes de conscience, n'hésitez pas à nous le faire savoir. Dans ce cas, nous agirions autrement...

– Du moment que vous ne touchez pas au secret professionnel, je suis prêt à répondre à vos questions, monsieur le Supervisor. Permettez-moi cependant de vous dire que je trouve contraire aux lois et à la morale le fait d'arrêter sans la moindre explication un défenseur de l'ordre à son domicile privé.

Sullivan quitte la bibliothèque et se met à marcher de long en large dans la pièce, les mains derrière le dos.

– Je suis d'accord, dit-il. Mais chaque jour qui passe amène une nouvelle victime et nous avons pensé qu'il n'était pas possible pour un avocat de votre notoriété de laisser poursuivre le carnage.

Les sourcils de Ferrus se mettent en accent circonflexe.

– Je ne comprends pas, dit-il d'une voix qui se veut ferme.

– Vous allez comprendre. Depuis combien de temps êtes-vous l'avocat de Dominique Giraldi ?

– Quelques mois. Quand il m'a désigné après son interpellation pour transport illicite de stupéfiants... Je l'ai défendu à la Cour, sans grand succès je dois l'avouer, mais les faits étaient si probants... Pourquoi ?

– Attendez...

Sullivan s'empare d'un dossier sur le bureau de Bryce, le parcourt et, s'étant remis en mémoire quelques notes manuscrites, se plante devant l'avocat.

– Giraldi vous est-il ou non sympathique? demande-t-il à brûle-pourpoint.

Ferrus le dévisage d'un air surpris.

– Il l'était quand j'ai fait sa connaissance. Après ce qui s'est passé au pénitencier de San Quentin, je dois dire qu'il l'est beaucoup moins. J'ai d'ailleurs renoncé à lui rendre visite.

– Et sa femme?

– Sa femme?

– Isabel. La trouviez-vous sympathique, agréable, revêche?

Ferrus hésite avant de répondre :

– Elle n'était pas ma cliente, aussi je préfère garder pour moi mes opinions.

Bryce sort de son tiroir un paquet de Pall Mall, le débarrasse avec une lenteur étudiée de son étui de cellophane, et allume une cigarette, rejetant voluptueusement une bouffée de fumée qui s'élève vers le plafond.

– Maître Ferrus, dit-il d'une voix énergique qui contraste avec son attitude précédente, je vous ai dit tout à l'heure que nous souhaitions obtenir votre coopération mais que si vous aviez quelques problèmes de conscience vous ne devriez pas hésiter à nous le faire savoir. En tant qu'homme de l'art, vous êtes parfaitement au courant des articles de la Constitution. Si, à un quelconque moment, vous estimez ne pas vouloir dire la vérité, il me restera à vous informer de vos droits et à opérer d'une façon moins agréable pour vous. Vous me comprenez?

– Très bien, mais je ne vois pas ce que je pourrais dire de contraire à la vérité...

– Aimiez-vous Isabel Giraldi? reprend Sullivan. Je dis aimiez car vous n'ignorez pas qu'elle a disparu dans des conditions dramatiques du motel où elle avait élu domicile, après réception d'une certaine lettre de son mari...

– J'ai appris cela, en effet. Elle devait me provisionner pour le travail que j'avais effectué mais je ne l'ai jamais revue. Drôle de fille aussi, je m'en suis rendu compte à mes dépens.

Sullivan approche une chaise, la retourne et s'assied à califourchon, le menton appuyé sur ses deux poings.

– Comment avez-vous fait la connaissance de Giraldi et de sa femme? Vous ont-ils été recommandés par d'autres clients? Sont-ils venus d'eux-mêmes à votre cabinet?

Ferrus adresse un regard au Supervisor Bryce comme s'il cherchait un soutien de ce côté.

– C'est-à-dire que le bouche à oreille fonctionne toujours en matière de défense... Giraldi avait dû entendre parler de quelques-uns de mes succès de plaidoirie...

– Au Brésil?

L'avocat le dévisage, abasourdi, puis il émet un rire qui sonne faux.

– Pourquoi au Brésil?

– Parce que, dit Sullivan en relevant la tête, Giraldi était à peine interpellé par les agents de la DEA qu'il mettait votre nom en avant. C'est donc qu'il vous connaissait. Alors qui lui avait fourni votre nom, l'adresse de votre cabinet, celle de votre domicile avec les numéros de téléphone correspondants ? Le carnet qu'il possédait portait ces indications avec, entre parenthèses, un prénom : Pascal. Vous avez parmi vos relations un prénommé Pascal ?

Les bajoues de maître Ferrus frémissent. Une lueur de panique traverse sa prunelle. Il lui faut vite trouver la parade.

– Pascal ? Pascal comment ? C'est que j'ai une clientèle importante...

Il fait mine de fouiller dans sa mémoire mais Sullivan ne lui laisse pas le temps de se reprendre.

– Ne cherchez pas, maître Ferrus, nous le savons. Et parmi vos relations, le nom d'un certain Richard Baker vous dit-il quelque chose ?

Ferrus sent un frisson lui parcourir l'échine. L'agent qui le met sur le gril lui semble vraiment bien renseigné. Doit-il ou non faire état de la visite que le détective privé lui a rendue, sous le sceau du secret, en échange de quelques renseignements ? Il se décide pour la négative.

– Je ne vois pas de qui vous voulez parler, dit-il, avec un mouvement de la glotte qui ne trompe pas l'œil exercé de Bryce. Qui est ce Baker ?

Abandonnant sa place derrière le bureau, le Supervisor Bryce se lève, pousse la porte capitonnée qui ouvre sur son secrétariat, hèle une silhouette jusque-là restée dans l'ombre :

– Entrez, Baker...

Ferrus demeure silencieux pendant un long moment, anéanti. Baker, dont il vient de nier l'existence, est-il l'un de ces détectives marrons, comme il l'avait pensé au début de leur rencontre ou, au contraire, fait-il partie de la panoplie de ruses du célèbre Bureau ?

– Je vous présente Richard Baker, que vous prétendiez ne pas connaître, dit Bryce. Soyez prudent, maître Ferrus. Nous en savons déjà pas mal sur votre compte, je crois qu'il n'est plus temps de tergiverser. Allez-y, Richard.

Baker se place à son tour devant la chaise de l'avocat qu'il fouille de son œil lavande, plus redoutable qu'un poignard.

– Maître Ferrus, dit-il, j'ai entendu ce que vous demandaient mes collègues. Certes, vous m'avez fait quelques confidences lorsque je vous ai rendu visite mais vous m'avez caché la majeure partie de ce que vous savez sur l'organisation Giraldi. Ce matin, une fusillade a éclaté sur la 50, en direction de Picketts Junction. Une Cadillac a forcé un barrage. Un des occupants a été touché, mais la voiture a réussi à disparaître. Or, ce soir, à neuf heures, un coup de fil est parvenu à votre domicile. L'un de nos hommes s'est fait passer pour votre majordome. Votre correspondant n'a pas donné son nom, mais il nous a laissé ce message, je cite : « Dites-lui que son ami Pascal a eu un accident et que son autre ami a été obligé de partir là où il sait. » Il a ajouté : « D'où je serai, je ne pourrai pas le joindre avant plusieurs jours mais s'il veut procéder au nettoyage de Moraga et Chinatown, ça m'arrangerait. » Alors, maître Ferrus, nous attendons de vous des explications sincères puisque, comme vous le savez, la Constitution vous permet de bénéficier de circonstances atténuantes en cas d'aveux. Tout à l'heure, vous vous êtes gardé de répondre à la question de Sullivan sur ce fameux

Pascal. Qui est-il? Et quelles relations existe-t-il entre vous?

Donald Ferrus a changé de couleur. Il s'est laissé piéger comme un enfant de chœur, faute de n'avoir pu empêcher Foata de téléphoner à son domicile. Sa seule issue est désormais de collaborer. Que ce fou de Giuseppe aille trucider la femme Giraldi pour supprimer un éventuel témoin, et sa position deviendra indéfendable. Depuis que Medioni l'a entraîné dans cette histoire de drogue, combien a-t-il passé de nuits blanches, avec parfois, dans un demi-sommeil, des accès de rage? Souvent, il se levait, arpentait sa chambre puis son bureau de long en large, écœuré par les proportions que prenaient ces sanglants règlements de comptes. Par vénalité, il était entré dans le jeu du tandem Medioni-Guettaro. Que celui-ci parle, et c'en serait fini à jamais de sa brillante et fructueuse carrière d'avocat. Et puis, de quel accident Foata a-t-il voulu parler? Pascal Guettaro est-il blessé, mort, arrêté? Ferrus, privé de tout repère, se sent perdre pied, manœuvré par ce privé dont la prunelle est toujours rivée à lui.

– Il s'agit de Pascal Guettaro, avoue-t-il dans un souffle. Un Corse, ami de Giraldi. J'ignore ses activités exactes mais il voyage librement puisqu'il descend toujours dans des hôtels renommés lorsqu'il vient aux États-Unis. Il possède un pied-à-terre à Chinatown, dont j'ai l'adresse au bureau. Guettaro m'apportait au début des provisions pour défendre Giraldi. 28470 Moraga Street, c'est le domicile de Giuseppe Foata, son bras droit, un type antipathique et redoutable. C'est Foata qui a enlevé la femme Giraldi pour faire pression sur son mari...

Bryce écrase sa cigarette dans le cendrier à liséré doré.

– Quel genre de pression?

– Pascal Guettaro et Mathieu Medioni, que j'ai défendus dans une affaire d'extorsion de fonds à New Orleans il y a quelques années, craignaient que Giraldi dévoile les rouages de leur organisation. Pour l'en empêcher, ils ont décidé d'enlever sa femme, menaçant de la supprimer s'il ouvrait la bouche. Elle est gardée par des Mexicains dans un recoin de la Sierra Nevada, difficile d'accès. Foata est allé lui rendre visite il y a peu de temps, pour rétribuer les Chicanos avec l'argent que lui a apporté Guettaro.

– Vous sauriez nous y conduire, dans ce trou perdu? demande Sullivan. Nous avons intérêt à faire vite...

Ferrus, accablé, fait un signe de dénégation de la tête.

– Non. Je sais simplement que cela s'appelle Wilderness. Une ancienne cité minière.

– Vous en savez des choses, maître Ferrus, conclut Bryce en allumant une nouvelle cigarette. La nuit porte conseil. Nous sommes obligés de vous garder jusqu'à nouvel ordre. D'ici à demain, les choses auront évolué, en bien ou en mal. Votre situation en dépendra.

***

Giuseppe Foata n'a pas attendu le lever du jour pour faire jouer discrètement la crémone de la fenêtre et se glisser dans la cour de terre battue. Les mille bruits de l'hôtel se sont espacés et assourdis, pour peu à peu s'éteindre vers minuit. De temps à autre, le reniflement d'un cheval dans l'écurie jouxtant sa chambre le faisait sursauter. Il avait beau se tourner sur un côté, se mettre sur le dos, à plat ventre, se retourner encore, impossible de dormir. Le regard que la vieille avait lancé à son éclopé de mari tandis qu'elle décrochait la clé du tableau de location était lourd de signification. Son histoire de dépannage n'avait pas pris et il n'avait pas intérêt à se vautrer jusqu'au matin entre les draps fraîchement empesés. Il s'était levé, avait enjambé la barre d'appui, s'était coulé dans l'obscurité complice d'une grange dont il avait entrouvert le portail, dérangeant un grand duc qui l'avait frôlé de son vol lourd.

Il n'est pas loin de quatre heures du matin. Dans le ciel, un croissant de lune s'accroche aux nuages. Foata marche. Le ciel semble se déplacer avec lui. La lune, les nuages, les bicoques du hameau, la nature entière se sont mis en mouvement. Il continue à marcher, ombre mouvante frisant les rares murs, puis les boqueteaux. La route est sèche et droite. Des pensées confuses tournent dans sa tête. Il perçoit encore le bruit sec des détonations quand les flics lui ont tiré dessus, le miaulement des balles à son oreille, la brûlure soudaine au visage, puis au bras. Il revoit le regard ahuri du pompiste au stetson cabossé, celui, plus rusé, de la vieille logeuse. Arrivera-t-il à gagner Wilderness ? A joindre Ferrus qui lui dira, peut-être, comment les flics sont remontés jusqu'à lui ?

Il avance, consacrant son énergie à chaque enjambée. Son regard embrasse les collines. Nul piéton sur la route qui n'en finit pas. Personne à part lui. Il n'a plus peur. En tout cas, plus le genre de peur qui l'a assailli en pénétrant dans la chambre. Il préfère défendre sa peau au grand air frais du matin plutôt que de se laisser piéger dans la souricière de l'hôtel.

Répercuté par les vallonnements, l'écho d'un moteur lui parvient. Puis, au pied de la montée, deux phares sortis d'un virage éclairent lentement la route. Sur la droite, une haie se présente. Foata l'écarte, s'accroupit à l'abri des arbustes. L'air est pur et froid, les étoiles scintillent. Il attend, le doigt sur la détente, prêt à défendre chèrement sa peau si ce sont les flics. Un ronflement poussif de moteur suivi d'un grincement de boîte de vitesses le rassure. Un poids-lourd. Pour la seconde fois, la chance lui sourit. A l'allure d'un homme au pas, un monstrueux camion-citerne à la carapace d'aluminium luisant sous la lune arrive au sommet de la rampe. Giuseppe le laisse passer. Il distingue la silhouette du conducteur rivé à son volant, capte le tintamarre de la radio de bord. L'homme est seul. Foata se rue à la poursuite du camion, le rattrape à l'amorce de la descente. Il réussit à accrocher la pipe-réservoir, court plus vite encore, se rétablit à la force de son poignet solide sur le marchepied cannelé. Il se cale contre l'échelle métallique, enlaçant les barreaux, les jambes pendant dans le vide.

Le camion prend la route du Nevada. Dans moins d'une heure, quand les premières lueurs de l'aube commenceront à teinter le faîte des collines, Giuseppe sera à Wilderness.

Pour la première fois depuis deux jours, un sourire effleure son visage.

25

San Quentin, 27 janvier.

– Ce n'est pas mauvaise volonté mais il m'est impossible de transformer les cellules disciplinaires en salons où l'on cause, cher ami...

Tout en me fixant derrière ses verres cul-de-bouteille, Fred Curtis attire à lui un pot à tabac octogonal en ébène, choisit sur le présentoir une pipe aux traits barbus de Lincoln sculptés dans la racine de bruyère. De son pouce à l'ongle ras, il bourre l'auguste crâne, allume le tabac à la flamme horizontale d'un briquet en métal doré, en émettant un bruit régulier de succion. La fumée douceâtre me fait tousser. Depuis que le radiologue de la Sûreté a décrété que mes poumons avaient la noirceur de la voûte du tunnel de Saint-Cloud, je ne fume plus.

Curtis admire les volutes bleues de son poison personnel qui forment une curieuse auréole au-dessus de son crâne.

– Vous devez comprendre qu'un directeur de pénitencier ne fait pas ce qu'il veut, ajoute-t-il pour justifier sa position. Les règlements sont là, tout de même!

Ses dents se remettent à guillotiner le tuyau de la pipe. Je comprends, bien sûr. Aux USA comme en France, comme partout, d'ailleurs, l'entrée d'un tiers dans une prison sans autorisation relève de l'utopie. A plus forte raison lorsqu'il s'agit d'une femme dont le mari est incarcéré dans un bloc réservé aux irrécupérables. A Paris, autrefois, j'avais résolu le problème. Les légitimes ou les concubines n'avaient pas non plus droit aux rencontres privilégiées, mais je tournais la difficulté. J'extrayais de son cul-de-basse-fosse le détenu dont je voulais me concilier les bonnes grâces et je lui faisais goûter pour quelques minutes ou quelques heures les délices de la vie à deux. Mon bureau, la chambre qu'un hôtelier complaisant mettait à ma disposition, à deux pas de la Grande Maison, ont dû garder longtemps le souvenir d'ébats clandestins et éphémères. Qu'importe si je ne travaillais pas avec les méthodes de tout le monde, les résultats étaient là : j'emplissais les prisons. Le commissaire Vieuchêne, le Gros pour les intimes, accumulait, lui, les médailles et les félicitations officielles.

Le gardien-chef de la prison de Pont-l'Évêque, avait poussé plus loin encore le désir d'améliorer le sort de ses pensionnaires. Il avait fait aménager quatre cellules en salles de repos qui permettaient aux couples de se livrer, en fin de semaine, à des exercices que Thémis aurait, sans aucun doute, vilipendés. Malheureusement une femme jalouse des privautés que son détenu de mari prodiguait un dimanche sur deux à sa maîtresse, avait vendu la mèche. Le chef au grand cœur n'avait pas été récompensé de sa sollicitude. Il avait, à son tour, connu les rigueurs du cachot.

– Je n'envisageais pas de rencontre au quartier des fortes têtes, dis-je. Simplement dans ce bureau où Giraldi m'a fait des demi-confidences.

Du bout des doigts, Curtis rappelle à l'ordre un filament de tabac mal consumé qui tentait de s'échapper du crâne de Lincoln. Il me dévisage, aussi perplexe que si je venais de lui annoncer la résurrection de l'homme d'État.

– Elle est où, sa femme, en ce moment?

– Dans un taxi, devant l'entrée du pénitencier.

Serrant avec vigueur son tuyau entre ses dents, Curtis ouvre le sous-main de crocodile noir qui frôle son coude droit, extrait des entrailles de la pauvre bête quelques notes de service, les feuillette, en parcourt une qu'il me tend :

– La circulaire 23 DJ 654 interdit toute intrusion de personne étrangère au service, sauf permis régularisé par une personnalité du Department of Justice. Lisez.

Je repousse la note d'un geste.

– Je vous crois, monsieur le Directeur. Et si j'insiste, c'est parce que Giraldi m'avait promis de me fournir d'autres informations si je lui ramenais sa femme. Vous êtes une personnalité apte à donner l'autorisation, il me semble.

Curtis, d'un geste souple, fait décrire à sa pipe un large cercle.

– Faire entrer une femme, jeune de surcroît, chez des hommes en rut, est-ce que vous voyez à quoi je m'expose?

– Pas dans votre bureau où il vous arrive certainement de recevoir des visites féminines de temps à autre...

– Bien entendu. Des visiteuses, des bonnes

sœurs, des avocates. Mais les femmes de prisonniers n'ont droit qu'au parloir surveillé. Est-elle au moins remise de ses émotions, votre petite dame? Sa détention ne l'a-t-elle pas trop traumatisée?

– Un peu. Mais la joie de revoir son mari fait passer ses affres au second plan. Un heureux concours de circonstances a permis de la soustraire à ses ravisseurs. Il était temps!

– Vous y étiez?

J'agite négativement la tête.

– Non. Après les aveux de l'avocat Ferrus, le FBI avait autre chose à faire que de s'encombrer d'un personnage extérieur à l'enquête. Le lieutenant Franklin non plus n'a pas été invité. Pas plus que les hommes de la DEA. Quand Baker m'a raconté comment la chance avait tourné en leur faveur, j'ai eu une peur rétrospective pour la vie de la séquestrée. La présence d'esprit d'un chauffeur routier a heureusement précipité les choses...

***

Le camion-citerne roule à toute allure sur la 50 qui relie San Francisco à Carson-City en une succession de vallonnements hérissés de roches granitiques que le faisceau des phares fait surgir de l'ombre. Willie Reser ne se sent pas l'âme rêveuse. Sans s'appesantir sur le spectacle d'une région qu'il a sillonnée des milliers de fois depuis son entrée à la Standard Oil Company, il fonce, pied au plancher, poussant au-delà de ses limites le moteur bruyant qui laisse échapper, de temps à autre, des pétarades inquiétantes et nauséabondes. Il jette un coup d'œil distrait aux lueurs d'un ranch isolé, poursuit sa route en direction du Nevada, royaume des machines à sous dont la dégoulinade de pièces tinte déjà à son oreille. Il exulte, Willie. L'horoscope du jour lui est favorable. « Gros gains en perspective » lui ont prédit les astres par l'intermédiaire du *Chronicle*. Chaque tour de roue le rapproche de la fortune.

Et dire que le responsable commercial lui a fait, ce matin encore, toute une histoire pour la misérable augmentation qu'il sollicitait après douze années de conduite forcenée. Il pourra se les garder, ses trente dollars mensuels, celui-là ! Dès qu'il aura touché le pactole, Willie s'en ira ouvrir un compte en banque à la Chase Manhattan ou à la Bank of America, des noms qui font rêver. Et pas question de lui prêter un *dime*, au chef de mission. Willie a souffert trop souvent au volant de son poids-lourd, à digérer des *miles* qui n'en finissent pas, pour ne pas le laisser crever de jalousie.

Un panneau, à droite, signale une aire de stationnement. Willie connaît ce lieu de repos où aiment s'arrêter les touristes fascinés par le paysage, moins impressionnant cependant que celui des Rocheuses. C'est souvent comme ça. On va chercher ailleurs quand on a mieux chez soi. C'est comme pour les femmes. Celle du voisin est toujours plus séduisante et meilleure cuisinière.

Le camion souffle dans la montée en lacets que domine un rocher en forme de champignon avant de s'engager sur la piste du parking et de s'immobiliser devant l'édicule servant d'urinoir. Willie consulte les aiguilles du tableau de bord : il est en avance de douze minutes sur l'horaire. De quoi se détendre les jambes après avoir soulagé sa vessie.

Il coupe le contact, baisse la vitre, éteint la radio pour mieux apprécier le calme de la sierra sous le croissant de lune qui éclaire les monts en dents de scie.

Giuseppe Foata se laisse aller contre le montant de l'échelle métallique, ferme les yeux. Malgré l'absence de panneaux de signalisation et de bornes, il estime ne plus être loin de Wilderness. Le rideau va bientôt tomber sur le dernier acte. Tant pis pour Isabel, qui demeure l'unique témoin d'une opération « sans danger », selon ce qu'avait prophétisé Medioni. La mise à l'abri de sa femme devait empêcher à coup sûr Dominique de parler ! Le résultat, le voilà : Jésus et Pascal transformés en passoire par les flics et lui, Giuseppe, en train de crever de froid au cul d'un camion, sans compter le risque de tomber sur de nouveaux barrages ! Il s'en moque, Medioni, au calme dans son hacienda de Santo Angelo, de ce que Giuseppe a enduré jusqu'à présent ! Les cahots ont rendu sa position de plus en plus pénible. Les relents d'essence, de caoutchouc brûlé, de poussière l'assaillaient à chaque changement de vitesse, à chaque coup de frein. L'incertitude et la tension nerveuse le rongeaient à la pensée qu'il pouvait être pris dans le faisceau des phares d'une voiture suiveuse. Cramponné à l'échelle, ses doigts s'engourdissaient et il avait beau enfoncer le nez dans le col de sa canadienne, l'air glacé le faisait grelotter sans discontinuer. A moins que ce ne soit la fièvre...

Foata enregistre le bruit des pas du chauffeur sur le bitume du parking. Le camion va reprendre la route. Ses feux rouges vont à nouveau danser sur les inégalités du sol et les gaz de l'énorme pot d'échappement vont s'ajouter à l'entêtante odeur d'essence.

Willie s'apprête à refermer la portière, lorsqu'un éternuement le fait sursauter. Il fronce le sourcil, attend quelques secondes, croyant avoir mal entendu. Un second éternuement, plus étouffé, succède au premier. Cette fois, pas de doute. Un rôdeur qu'il n'a pas aperçu se dissimule à l'arrière de son véhicule. Instinctivement, il ouvre la boîte à gants, se saisit d'un revolver, souvenir de ses jeunes années au Vietnam, et écoute. Tout est redevenu paix et solitude. Une seconde, le fait d'avoir eu peur l'incite à démarrer rapidement mais il se reprend. Il vaut mieux donner le change, faire semblant de ne rien avoir entendu. Willie remet la radio en marche, ajuste le volume au maximum. Il accompagne la mélodie d'une voix tonitruante, actionne le démarreur, donne quelques coups d'accélérateur, dégage le lourd véhicule de la piste, marque le stop à l'entrée de la freeway.

Alors, tout se passe vite. Très vite. Comme au Vietnam au temps de la guerilla. Le revolver bien en main, les yeux entraînés à fouiller les coins sombres, le doigt sur la détente prêt à assaisonner tout ce qui bouge, Willie a doucement entrouvert la portière et s'est laissé couler dans l'obscurité.

Il se glisse jusqu'à l'arrière du véhicule, puis il bondit. Une attaque foudroyante. L'homme accroché à l'échelle métallique reste pétrifié.

– Descends! ordonne le routier en le tenant en joue.

Foata a compris. Les traits empreints de passivité, il quitte son perchoir, la tête basse, prend pied sur la piste?

– Qu'est-ce que tu fous-là? interroge Willie.

Le Napolitain ne répond pas. Une seule issue se présente, qu'il saisit au vol. Son instinct de conservation lui commande d'agir sans réfléchir. Il plonge la main dans sa canadienne, fait un pas de côté, s'apprête à tirer une première balle. Mais le bras blessé est un sérieux handicap. Il n'a pas le temps de presser la détente. D'autant que Willie a anticipé la manœuvre, comme autrefois lorsque les Viets, le fusil calé dans le creux de l'épaule, s'apprêtaient à arroser les fondrières US... Un réflexe automatique, une douceur extraordinaire de détente, trois coups qui percent la nuit, précipitant vers les hauteurs une colonie de coyotes.

Foata est mort avant de toucher terre, le visage tourné vers le ciel, les bras en croix. Des deux énormes trous au-dessus de l'œil droit, du troisième à la pommette gauche, s'échappent par saccades les volutes rouges de son sang.

***

– Quelle histoire! s'exclame le rubicond directeur du pénitencier de San Quentin. Vous vous rendez compte, les dégâts que ce salopard de tueur aurait pu encore commettre...

Il est congestionné d'enthousiasme, Fred Curtis. Il en devient touchant lorsqu'il ajoute :

– J'espère que le brave camionneur sera récompensé. Des héros comme ça, il n'en court pas les rues!

– C'était son jour de chance, comme il l'a déclaré à Bryce, prévenu par le Central radio. La prime offerte par le FBI à l'homme dont les informations auraient permis d'identifier les tueurs de Primlcy et de Gloria Simpsons lui permettra d'améliorer grassement sa fin de mois. Dans un sens, les astres l'ont exaucé...

Fred Curtis approuve du chef tout en me désignant une pipe neuve plantée sur le présentoir.

– Vous ne voulez vraiment pas goûter à ce nectar de Virginie?

– Sincèrement non. Pour Giraldi, que décidez-vous? On lui doit quand même cette demi-réussite.

Si Curtis étouffe un soupir de lassitude en décrochant le combiné du téléphone, moi, je jubile en l'entendant ordonner :

– Murphy? Amenez-moi le détenu Giraldi au bureau. Et dites au poste de garde de laisser entrer sa femme. Elle est dans un taxi devant le porche. Qu'un surveillant l'accompagne jusqu'ici.

Il repose le combiné sur son socle.

– C'est bien pour vous faire plaisir, dit-il. Mais il faudra rapidement le changer d'établissement s'il veut rester en vie. Donc, Bryce a découvert l'endroit où était séquestrée Isabel Giraldi? Comment ça s'est passé?

***

Le soleil déjà haut fait luire comme la carapace d'un insecte la structure d'acier et de plexiglass du H 53, l'hélicoptère léger, maniable et rapide que Bryce a réquisitionné. Il s'est lui-même mis aux commandes, laissant Baker s'installer dans le siège-baquet de droite, Sullivan et Carter réussissant à se caser à l'arrière, des fusils à lunette à leurs pieds.

Comme aspiré par un cyclone, le ventilo, après un tour sur lui-même, a fusé en direction de l'est. Le smog de San Francisco a vite disparu derrière son hélice de fuselage.

Bryce tourne le bouton de réglage de la radio à plusieurs reprises, interroge le service de transmission de son bureau.

– Du nouveau depuis tout à l'heure?

– Rien, crachote le haut-parleur. Nous nous tenons en contact...

Baker hoche la tête de dépit. Tous les comtés californiens sont sur le pied de guerre et le passage de la Cadillac n'est plus signalé nulle part. L'anxiété le ronge. Bizarre, insupportable état de tension. Il attend, le regard figé sur les doigts du Supervisor qui s'agitent encore sur les boutons de radio.

– Si vous voulez mon avis, finit-il par dire, Foata a planqué la voiture en attendant que ça se passe. C'est un vicieux qui va tout faire pour déjouer les barrages, quitte à faire du stop.

Comme si son propos avait été capté, la voix du permanent au sol résonne dans l'habitacle :

« Shérif de Markleeville signale à l'instant qu'un individu brun, teint mat, blessure à la joue, allure suspecte, a dîné au Gun House où il a séjourné quelques heures. Il a pris la fuite dans la nuit sans payer sa chambre. Si l'on en croit la propriétaire, il aurait téléphoné à San Francisco depuis la cabine publique. Les recherches continuent... »

Une brusque montée en diagonale et l'hélicoptère franchit une crête aride avant de plonger vers une vallée agricole, où il survole une route à quatre voies, sinueuse et escarpée, totalement déserte.

– La 50, dit Brycc. En bas, à droite, Picketts Junction. Si le type a quitté cette nuit Markleeville, il ne doit pas en être loin. Mais il n'est pas encore arrivé!

Il effectue un virage qui remet le soleil dans l'axe du cockpit, réduit le pas du rotor. Baker est soucieux. L'hélico fait un bruit d'enfer. Si la maudite pétarade alertait Foata? S'il se dissimulait dans la sierra à la vue de la police en branle-bas de combat? S'il disparaissait définitivement? Ne vaudrait-il pas mieux s'éloigner de la freeway, atterrir quelque part, le plus près possible de Wilderness, de façon à ne pas donner l'éveil aux gardiens? La chasse au truand, en hélicoptère, n'est pas tellement indiquée.

– Nous devrions gagner Wilderness, dit-il. Tenter notre chance de ce côté, en silence surtout.

– C'est ce que je compte faire, grommelle Bryce. Encore faut-il trouver un coin pour poser le coucou...

Nouvelle pression du doigt sur la manette de fréquence, nouveau chuintement dans le haut-parleur, nouvelle conversation avec l'homme de garde. Nouvelle descente, aussi, assez raide, puis stabilisation à vingt mètres au-dessus d'un faux plat. Enfin, l'appareil touche le sol. Les pales projettent des nuages de poussière sur les cactus alentour, le rotor s'assoupit. Bryce coupe le contact.

– On y va, dit-il en sautant à terre. Vous, Carter, vous restez ici, à proximité. Nous sommes trois pour investir les baraques que j'ai repérées. On va sûrement se tordre les pieds avant d'y arriver mais si Ferrus a dit vrai, on ne doit pas trouver beaucoup de résistance chez les gardiens d'Isabel.

– Pourquoi nous aurait-il raconté des histoires? conclut Baker. Il s'est dégonflé comme une baudruche quand on lui a dit qu'on l'enverrait en taule pour un bon bout de temps. Entre nous, c'est bien ce qu'il mérite, cette canaille!

***

– Remarquables, vraiment remarquables, ces gens du FBI, s'exclame le directeur dont les joues ont rosi de plaisir. A ce moment-là, ils ne savaient même pas encore que Foata avait été abattu par un routier! Je subodore la suite : ils avancent en catimini, investissent le baraquement, délivrent Isabelle Giraldi et attendent tranquillement l'arrivée du tueur. Du travail de commando, en somme. C'est ainsi que cela s'est passé?

– Je crois, mais Bryce vous donnera plus de détails. D'après Baker, les Chicanos qui la gardaient en otage ne s'attendaient à rien. Les deux hommes, le père et le fils, dormaient encore et la femme se préparait à faire chauffer de l'eau sur le poêle à bois qu'elle venait d'allumer. L'opération n'a pas duré trente secondes.

***

L'apparition de l'athlète blond qui vient de franchir le balcon et se dresse dans la pièce, l'arme au poing, stupéfie les Gimenez qui n'ont envie ni de bouger, ni de parler.

Persantina a laissé tomber la casserole d'eau sur le sol de terre battue. Elle demeure là, bouche édentée ouverte, les yeux exorbités.

Le coup de pied de Bryce fait voler en éclats les planches de la porte. Il se plante devant Pablo, interroge :

– Où est la jeune femme?

Les yeux du Mexicain se portent sur le fusil de chasse accroché, avec sa cartouchière, à un énorme clou de charpentier. Bryce saisit le regard. Il promène son pistolet sur le front de Manuel, qui pousse un cri au contact de l'acier.

– Inutile de jouer avec ça, dit-il. Au premier geste, je tire. Debout!

Sullivan, à son tour, pénètre dans la masure, considère un instant les deux Chicanos dont les mains se sont mises à trembler. Une paire de menottes les relie déjà l'un à l'autre.

– J'ai posé une question, insiste le Supervisor.

Le moustachu Pablo s'affale comme une poupée de son. Ses lèvres murmurent des paroles incohérentes. La peur lui crispe le ventre. Dans quel pétrin s'est-il fourré?

– Tu entends? demande Baker.

– Mais oui, il entend, dit Bryce. Ce qu'il ne va pas entendre, par contre, c'est la balle que je vais lui mettre dans la tête s'il ne me dit pas tout de suite où est cachée Isabel Giraldi.

Un glapissement de terreur retentit. Persantina se penche, agrippe le bras de son mari.

– Dis-le, Pablo! Et toi, Manu, conduis ces messieurs à la grange!

Baker est déjà dehors. Ce que la femme appelle la grange n'est qu'une cabane en rondins dont un épais madrier, posé en travers de la porte, obstrue l'entrée. Ce n'est qu'un jeu pour Baker de le faire basculer et de découvrir Isabel, recroquevillée, tout habillée, sur trois bottes de paille recouvertes d'une bâche, en guise de matelas.

***

Dans le bureau de Curtis, pâle, les cheveux en bataille, Dominique Giraldi considère Isabel d'un regard intense, comme s'il voulait s'imprégner de tous les traits de son visage amaigri. Il est inquiet. Le remords l'assaille. Pourtant, c'est avec l'ineffable bonheur des grandes retrouvailles qu'il l'a serrée contre lui, le premier moment de surprise passé. Elle, les yeux embués de larmes, a collé sa joue à la sienne. L'émotion l'étreint.

Giraldi se tourne vers Fred Curtis.

– Je vous remercie, monsieur le Directeur, dit-il d'une voix étranglée. Je n'oublierai pas votre geste.

Curtis acquiesce du chef, visiblement satisfait. Il toussote avant de tirer avec un peu plus d'énergie sur le tuyau de sa pipe et de rétorquer en me désignant :

– C'est votre compatriote qu'il faut remercier. Parce que c'est bien la première fois que je transforme mon bureau en boudoir. Je vous préviens cependant d'une chose, Giraldi. Je ne vais pas pouvoir vous garder.

Au tour de Dominique de secouer la tête :

– Je m'en doute, monsieur le Directeur. Mais je puis vous assurer que ceux qui ont fait du mal à Isabel ne vont pas l'emporter au paradis. Quand monsieur Borniche est venu me voir, je lui ai dit que s'il me ramenait ma femme, je lui donnerais un coup de main. Nous avons tous deux tenu parole. Je ne sais pas ce que l'avenir me réserve...

Il s'interrompt, passe la main sur son menton, en un geste familier, regarde Isabel, et poursuit :

– ... mais comme les Fédés se sont montrés à la hauteur, je suis prêt à revoir le Special Agent Sullivan.

– Parfait, conclut le directeur, enthousiaste. Je vous laisse cinq minutes ensemble, mais pas plus. Venez, ami Borniche, j'ai quelque chose à vous montrer.

Je suis le directeur dans le bureau voisin, affecté à son secrétariat, là où un monitor de télévision est installé sur une console.

– Murphy attend mes ordres devant la porte, dit-il, aucun risque à les laisser seuls. La caméra cachée en haut de la bibliothèque nous permet de voir ce qui se passe chez moi. En noir et blanc mais ça n'a pas d'importance. Nous voilà réduits à jouer les voyeurs, Borniche ! Je ne m'attendais pas à cela lorsque nous nous sommes rencontrés au Fleur de Lys...

– Moi non plus, dis-je. Mon ancien patron avait toujours en tête une maxime qu'il avait fait sienne : « avec un début, on arrive à des fins ». Il n'avait pas tort.

Épilogue

LE JUGEMENT

L'été est en train de s'épuiser doucement en une chaude journée de septembre. Le soleil brûle, les feuilles sont encore vertes et je me laisse prendre à l'atmosphère magique du jardin des Tuileries, des quais de la Seine, qu'un train de péniches s'échine à remonter, des tours-donjons de la Conciergerie, si chargée d'histoire. Sur le Pont-au-Change, j'observe la procession des jambes fines et bien faites des Parisiennes sous les jupes ultra-courtes, les croupes ondulantes. Les États-Unis sont loin, bien loin de mes pensées.

Au-delà de la grille à dorure criarde du Palais de Justice, mes pas m'entraînent vers l'enceinte de la cour d'Assises où le public des grandes premières s'est donné rendez-vous. L'attraction est de taille. On y juge Mathieu Medioni, le Corse rusé, vindicatif et jusqu'alors invincible, que les autorités américaines considèrent comme le parrain français de la drogue, grand ordonnateur d'une série d'assassinats et de kidnappings, et dont elles demandent l'extradition.

Bourrée d'avocats, de curieux assoiffés d'escarmouches, de spectateurs friands d'effets de manches, la salle d'audience, théâtre de l'Accusation et de la Défense, affiche complet. Une nuée de journalistes s'est abattue sur les bancs de la presse. Derrière la majestueuse carrure du président, derrière ses assesseurs enrobés de pourpre, les jurés forment une double haie. Maître Pinelli, du Barreau de Marseille, les yeux mi-clos, les mains croisées sur son ventre confortable, fait semblant de dormir, fourbissant ses attaques. Du haut de sa stalle, l'avocat général régne sur ce petit monde, promenant sur l'assemblée un regard dominateur.

Mathieu Medioni est confiant. Les charges retenues à son encontre ne reposent que sur des hypothèses policières. De plus, un État n'extrade pas ses ressortissants. Ce sera un jeu pour un défenseur de la trempe de Pinelli de malmener le détective américain que l'accusation a cités pour soutenir son argumentation. Cloîtré dans la salle des témoins, Sullivan, du FBI, n'en mène pas large, se demandant déjà à quelle sauce le ténor marseillais va le déguster, sa connaissance du français n'allant pas jusqu'à en assimiler toutes les subtilités. Mathieu Medioni, quant à lui, ne rêve que de prendre sa revanche sur ce FBI qui s'est acharné à sa perte.

Il s'en est fallu de peu, d'ailleurs, que tout soit remis en question.

***

Depuis son retour à *La Maravilla*, Mathieu Medioni combat les pressentiments qui l'agitent. Il n'ose pas s'avouer qu'il a retrouvé, hier soir, alors qu'il contemplait le coucher du soleil de la terrasse, cette teinte sanglante qu'il avait parfois perçue au hasard de sa vie aventureuse.

Son maître d'hôtel vient de lui servir un autre verre de punch. Il s'apprête à le porter à ses lèvres lorsque la sonnerie du téléphone retentit. Le Corse colle son oreille à l'écouteur sans prononcer un mot.

A l'autre bout, le correspondant s'impatiente :

– Allô, *senhor*?

Mathieu est fixé. Il reconnaît la voix du commissaire Rodolfo Medeiros, légèrement étouffée.

– Oui?

– Je suis dans une cabine de Botafogo, *senhor*, je peux difficilement parler. J'ai reçu de la visite pour vous. Vous voyez ce que je veux dire?

Medioni hésite un moment avant de répondre :

– Quelle visite?

– Rapport à l'ami, vous vous souvenez, pour qui vous étiez venu me voir... On m'a demandé un tas de renseignements sur vous, comment vous le connaissiez, ce que vous faisiez avec lui. Un nommé Sullivan, du FBI... Il m'a montré votre photo, d'autres aussi et un carnet trouvé sur Guettaro où figure votre téléphone de Rio. Il se propose de monter à Santo Angelo...

Instinctivement, Medioni regarde sa montre. Il est une heure de l'après-midi.

– Il connaît *La Maravilla*?

– *Si, senhor*. Beaucoup de choses aussi que votre avocat lui aurait confiées...

– Comment vous savez ça?

– Il avait la copie de sa déposition dans son dossier. J'ai vu qu'il s'appelait Ferrus... Qu'est-ce que je fais?

– Comment ça, qu'est-ce que vous faites?

– Il veut que je l'accompagne avec du renfort à Santo Angelo pour vous interroger. On y serait demain matin.

Mathieu Medioni ne se perd pas en conjectures.

– Venez, mon vieux. Ça prouvera votre bonne foi et en cours de route, vous pourrez recueillir d'autres détails. Il a parlé de Giraldi?

La voix du Brésilien disparaît un moment de l'écouteur pour y revenir, plus faible encore :

– Quelqu'un veut la cabine, *senhor*, je suis obligé de vous quitter. Donc, on vient?

Mathieu Medioni se carre dans son fauteuil, hoche la tête, s'accorde un instant de réflexion avant de conclure :

– Vous ne pouvez pas faire autrement. Je fais déposer ce que je vous avais promis à l'endroit habituel. En petites coupures. Antonio vous recevra et vous expliquera qu'une affaire urgente m'a appelé au Palais du Gouvernement à Asunción. Mon absence pourrait durer une semaine ou deux. Après, on verra. *Obrigado.*

– Pas de quoi, *senhor. Boa estrada.*

Mathieu raccroche, se lève, fait quelques pas dans le salon, ordonne :

– Tu m'apportes ma valise, Antonio, la grande. Si quelqu'un se présente, je suis à Asunción, au Palais du Gouvernement, pour une semaine. Après, tu ne sais pas. J'ai des rendez-vous d'affaires en Argentine et au Pérou. Tu as compris?

Quand, au volant de sa Rolls, Medioni prend la route du Sud, vers Buenos Aires, sa fureur est à son paroxysme. « Cette ordure de Ferrus va me le payer, marmonne-t-il. Avec tout le fric que je lui ai versé! »

*
* *

La matinée est chaude mais l'orage reste dans l'air. Des nuages se sont amoncelés au-dessus du Pacifique et, vers Carmel, le ciel de Monterey change de couleur au gré des reflets cuivrés. Avides de curiosités, les badauds n'en continuent pas moins de déferler sur trois files vers Cannery Row, la rue de la Sardine qui a conservé ses bâtiments d'autrefois, ou Pacific House, l'ancien bureau militaire reconverti en musée historique.

Donald Ferrus, l'œil mauvais, regarde défiler la horde multicolore au pied de sa propriété dont les pelouses, débordantes de fleurs il y a deux mois encore, ont disparu sous les entrelacs de ronces et d'herbes folles. Il est d'une humeur de dogue. Ses instructions n'ont pas été respectées. Durant son éloignement forcé de San Francisco, le jardinier a laissé la demeure à l'abandon. Et les paroles rassurantes de son chauffeur, quant à son parfait entretien, n'étaient que duperie pour justifier des frais de déplacements exorbitants.

Elles lui coûtent cher, à Ferrus, ses relations avec le gang Medioni-Guettaro. Une chance, encore, que le juge ait tenu compte de ses révélations pour lui accorder une bienveillante liberté provisoire, le temps pour le Supervisor Bryce de boucler son enquête. Deux mois de mise à l'écart dans une prison insalubre lui ont semblé longs, bien longs. Et pendant ce temps, les allées et les pelouses de sa résidence dont l'ordonnancement décoratif était sa fierté, ont été délaissées.

Donald Ferrus suit des yeux un puissant hors-bord blanc qui file sur la baie à pleine vitesse, sa proue immaculée laissant derrière lui un sillage argenté. Il pose son cigare sur la soucoupe de marbre, près d'une bouteille de cognac, fait tournoyer le verre à hauteur de ses yeux, admire les reflets mordorés de l'alcool dans un rayon de soleil, puis repose son verre après s'être humecté la gorge. Le hors-bord n'est plus qu'un petit point sur l'immensité du Pacifique.

L'orage est maintenant en plein sur Monterey. La pluie tombe dru, envahissant le paysage. Donald Ferrus s'est réfugié dans le living poussiéreux qu'un éclair illumine soudain. La foudre n'a pas frappé loin. A travers la vitre, le ciel brusquement se dégage. Le soleil rebondit sur les vagues en mille éclats aveuglants. Un immense arc-en-ciel unit Monterey à Point Lobos, amalgame de récifs que les otaries ont colonisé. Donald Ferrus endosse un ciré, chausse des bottes de pêcheur, emprunte les marches de l'escalier taillées dans la roche pour atteindre le ponton où son bateau est ancré. Il est là, devant lui, qui se dandine, bien bâché, solidement amarré à l'anneau de bronze d'un pilier.

Le clapotis des vaguelettes, le cri des mouettes qui tournoient au-dessus des barques revigorent l'avocat. Il n'a pas de femme, pas de maîtresse, quelques passades seulement. La mer est sa seule passion.

Il soulève la bâche. Apparemment, le chris-craft n'a pas souffert de son immobilisation. Bientôt le tableau de bord apparaît, avec ses manettes gainées de cuir rouge, ses instruments de cuivre que l'humidité a légèrement ternis. Un bon astiquage leur redonnera l'aspect du neuf. Ferrus caresse le volant de bois précieux, s'amuse à le faire tourner. C'est vrai qu'il éprouve une passion véritable pour ce bateau qu'il entretient sans compter. Une vraie fortune. Comment cet imbécile de Broderick aurait-il pu subvenir aux dépenses du sien s'il n'avait pas bénéficié de ses largesses? Et la récompense, la voilà. Broderick n'avait pas hésité à dénoncer son bienfaiteur à ce Baker de malheur. Trois années de prison ont sanctionné sa turpitude. Il en méritait dix, cet imbécile!

Ferrus contemple le poste émetteur-récepteur à ondes courtes que les chapardeurs, friands de ces gadgets électroniques, ont respecté. Il est si puissant qu'il permet, à distance, de capter des émissions de San Diego, de Seattle et même des îles Hawaï. Un véritable bijou.

Donald Ferrus ne résiste pas au plaisir de le faire fonctionner. Il glisse la clé de contact dans la fente du tableau de bord afin que l'alimentation parvienne à l'appareil. Comme un pilote crispé à son volant au moment du départ, il la tourne d'un quart de tour. Un autre quart de tour et les moteurs se mettent à ronronner sous l'impulsion du démarreur.

Ferrus n'a pas le temps de capter les ondes. Une explosion le soulève, le projette dans une gerbe d'éclats de verre, de tôle et de bois, de l'autre côté du wharf, dans l'eau claire. Une déflagration si puissante que le ciel s'illumine. Un tourbillon de feu, de métal, de poussière, de fumée s'élève de la coque. Le capot s'est arraché des moteurs qui fument. Déjà, des flammes dévorent la bâche et la cabine avec des crépitements de feu d'artifice.

Sur le ponton du débarcadère, au pied de l'escalier qui mène à sa propriété, la tête ensanglantée de Ferrus sourit encore, entre un tonneau rouillé et un paquet de cordages d'où s'envolent, moqueuses, quelques flammèches.

***

– La Cour vous écoute, monsieur le Special Agent.

Un grand silence plane sur l'auditoire. Sullivan a le redoutable privilège d'être le premier témoin de l'accusation. Les experts psychiatres qui l'ont devancé n'ont pu que confirmer leurs conclusions techniques. Et là, l'avocat ne peut rien contester : la science est la science, son client n'était pas en état de démence au moment des faits qui lui sont reprochés. Mais quels faits ? C'est là qu'il attend au tournant l'homme du FBI...

Du box des accusés, seuls émergent la calvitie bronzée et les lunettes à verres fumés de Medioni. Ses deux mains, calées sous le menton, n'ont fait aucun geste lorsque son adversaire s'est approché de la barre, précédé de l'annonce claironnée par l'huissier-audiencier.

Le regardait-il, derrière ses verres insondables ?

Sullivan contemple le jury quelques secondes, bien en face, avant de répondre d'un ton étrangement calme :

– Je suis intervenu sur ordre de mon chef, le Supervisor Bryce, monsieur le Président. Ma mission était d'obtenir d'un trafiquant de drogue, détenu au pénitencier de San Quentin, des renseignements susceptibles d'entraîner le démantèlement d'un important réseau de distribution d'héroïne aux États-Unis. Ce trafiquant se nomme Dominique Giraldi.

– ... Que nous ne connaissons pas, soliloque derrière lui maître Pinelli.

Sullivan a l'oreille fine. Il se retourne :

– Que votre client connaît, lui, dit-il très à l'aise. Qu'il connaît même très bien. J'ai eu l'occasion de le vérifier lors de mon passage à la brigade de police judiciaire d'Ajaccio, qui a procédé à son arrestation. Quand Giraldi s'était évadé de la prison des Baumettes, il avait trouvé refuge chez Mathieu Medioni à Zicavo. Les procès-verbaux de l'époque sont à la disposition de la Cour, si vous ne me croyez pas.

Maître Pinelli joue l'iceberg. Un iceberg qui aurait deux yeux. Deux yeux qui foudroient Sullivan, dont le flegme impressionne le public.

– Malheureusement, reprend le Special Agent, je n'ai rien pu obtenir du prisonnier dont la femme a été enlevée pour monnayer son silence. Jusqu'au jour...

Il s'accorde un moment de pause, créant le suspense, avant de reprendre :

– ... Jusqu'au jour où il a mis en cause le Napolitain Foata qu'il soupçonnait d'être le ravisseur de son épouse. Il a accepté de collaborer, sous réserve que celle-ci soit retrouvée, ce que nos services se sont employés à faire. La chance nous a d'autant plus favorisés que son propre avocat, prévenu de corruption, a passé des aveux complets. Nous avons dès lors pu dresser de façon précise l'organigramme du gang qui a succédé à la Latin Connection pour l'écoulement de la drogue aux USA. Trois associés à sa tête, trois Français, corses d'origine, tous trois natifs de Zicavo : Mathieu Medioni, Pascal Guettaro et Dominique Giraldi. Un homme de main, tueur professionnel, Giuseppe Foata, recherché pour meurtre par la police italienne et un avocat-conseil américain, Donald Ferrus. La quasi-totalité des membres du gang, Brésiliens, Mexicains ou Américains, dont José Ibarra, responsable du ravitaillement de la compagnie Varig à San Diego, sont actuellement sous les verrous. Guettaro et Foata ont trouvé la mort au cours de l'enquête. Maître Ferrus lui-même a trouvé la mort dans des circonstances qui n'ont encore pu être éclaircies. Quand je suis arrivé à Rio de Janeiro pour poursuivre mes investigations, le commissaire Rodolfo Medeiros, qui m'a secondé, ne m'a pas semblé très à l'aise. Mes soupçons se sont confirmés à *La Maravilla*, une discrète mais imposante propriété que Medioni avait, comme par hasard, quittée la veille en donnant au personnel une destination fantaisiste. Tous les témoignages recueillis, toutes les dépositions enregistrées, figurent au dossier du Department of Justice. Toutes les personnes entendues ont mis en cause Medioni, qui a alors fait l'objet d'une demande de recherche internationale. La Sûreté française l'a localisé en Corse où il avait pris le maquis en attendant des jours meilleurs.

Cette fois, l'iceberg se dégèle, pose une question insidieuse en feignant de s'adresser à la Cour.

– Le témoin ne vient-il pas d'indiquer que Guettaro, Foata et Ferrus sont morts, monsieur le Président ? Il serait intéressant de savoir si les deux premiers ont mis en cause mon client, du moins verbalement, car je n'ai pas trouvé trace de leur déposition dans la procédure d'instruction.

– Ils n'ont pu être entendus, reconnaît Sullivan. Le premier a été abattu au cours d'une opération de police, le second par un routier qu'il menaçait de son arme.

– Par conséquent, si je comprends bien, seul mon regretté confrère a porté des accusations contre son.. contre *notre* client ? Drôles de mœurs pour un avocat digne de ce nom...

– Il y était obligé, maître. Il existait contre lui des faits accablants. Les aveux d'un gardien-chef, par exemple, qu'il avait soudoyé pour tenter d'assassiner Giraldi. Tout cela figure au dossier.

– J'ai vu. Il ne dit pas pour autant que Medioni se livrait au trafic de drogue. Il a déclaré, je cite : « Mathieu Medioni, qui réside à Rio et à *La Maravilla*, par Santo Angelo, au Brésil, assurait mes honoraires pour défendre Dominique Giraldi. Je suppose qu'il était son associé dans le commerce clandestin de l'héroïne. » Vous saisissez la nuance, monsieur le Président. Il supposait, il n'apportait aucune preuve. Je constate que le FBI fait parler trois morts qui ne sont pas là pour le contredire.

De ma place, sur la première travée du public, je vois défiler, comme au guignol du Luxembourg, les assassinés sans gloire, les Rubio, Gloria Simpsons, Ralph Khoury, Moo Chong, Jésus, Giuseppe Foata, Pascal Guettaro, Donald Ferrus et tous les autres, victimes absurdes de la folie meurtrière de ces parrains d'un nouveau gangstérisme. Ces morts sont-ils le fait de l'esprit pervers de Medioni ? On se prend à en douter tant l'imposture est glaciale, calculée, méthodique. Le Corse affiche la sérénité de l'innocence, laissant à son défenseur le soin de poser les banderilles ou de rompre lorsque le terrain paraît mouvant.

– Vous oubliez les vivants, maître, pontifie quelque peu l'avocat général qui voit avec plaisir le public goûter son intervention. Dominique Giraldi, sa femme Isabel, sont de ce monde, eux. Ils ont fourni des précisions qui mettent l'accusé en position difficile. Compulsez la cote 79 du dossier. Vous y verrez comment le compte en banque de Giraldi, à Rio, a été vidé par Medioni dès que l'arrestation de La Jolla a été connue. Preuve qu'ils se connaissaient, n'est-ce pas? Au point de posséder une procuration réciproque! Le Special Agent Sullivan a trouvé la trace de ce singulier retrait. Des millions de cruzeiros.

Maître Pinelli ne se démonte pas pour si peu. Il se lève, rejette d'un mouvement de bras son épitoge garnie d'hermine sur l'épaule gauche, appuie le coude droit sur le pupitre de sa stalle.

– Désolé, monsieur l'Avocat général. Les sommes dont vous parlez ne provenaient pas d'un trafic quelconque mais d'un héritage laissé à Isabel Giraldi par ses parents adoptifs. Medioni est un homme d'honneur. Il n'a pas voulu compromettre sa maîtresse Isabel qu'il connaissait avant l'arrivée de Giraldi en Amérique du Sud. C'est elle qui l'a supplié de mettre cet argent de côté lorsqu'elle a appris l'arrestation de son mari. La photocopie de la procuration porte sa signature, comme vous avez pu le constater.

Pour un retournement de situation, c'en est un, au point que Sullivan demeure bouche bée. Il en vient à regretter de ne pas avoir poussé plus avant un détail qui revêt, aujourd'hui, une grande importance. Le doute est là.

– Dominique Giraldi ne m'a pas dit cela, se contente-t-il de proférer en haussant une épaule.

Trop tard. Maître Pinelli est déjà passé à une autre question.

– J'aimerais que le témoin dise à la Cour ce que sont devenus Dominique et Isabel Giraldi? demande-t-il avec perfidie. Je suppose que, conformément au droit américain, un régime de faveur a été accordé à ce collaborateur de la justice. Viendra-t-il témoigner à cette barre?

Du menton, le Président invite Sullivan à répondre.

– Giraldi a été transféré au pénitencier de Great Meadow, et sa libération sur parole est en cours. Il est de règle, aux États-Unis d'accorder des remises de peine à ceux qui, repentis, travaillent avec le Department of Justice. Il est hors de question de mettre sa vie en danger en le faisant voyager.

– Donc il ne témoignera pas contre mon client! s'exclame maître Pinelli d'un air triomphant. Encore un témoin-fantôme, on dirait... Et sa femme?

– Elle a trouvé un emploi de standardiste dans une localité proche du pénitencier. Sa vie privée ne nous intéresse pas. Elle a d'ailleurs été suffisamment traumatisée par ce qui lui est arrivé. L'inspecteur Borniche, ici présent, pourra vous le confirmer.

Sullivan s'est retourné vers moi pendant que maître Pinelli s'insurgeait :

– Qu'est-ce que l'inspecteur Borniche a à voir là-dedans?

– Il a participé à une partie des investigations en tant que mandaté par une famille dont la fille est décédée d'une overdose, rétorque Sullivan.

Cette fois, à mon tour d'être dans le bain. En vertu du pouvoir discrétionnaire du Président, je suis dispensé de prêter serment mais je me dois d'expliquer à la Cour les raisons de mon intervention. Je fais état de ma visite à James Bryce au sujet de la disparition de la jeune Violaine, tout en me gardant de narrer les circonstances de ma venue au pénitencier de San Quentin. C'est pour le coup que maître Pinelli sauterait sur l'occasion. Un privé menant une enquête officielle, on n'aurait jamais vu cela, même aux États-Unis! Je ne trahis pas ma conscience. D'après ce que j'ai enregistré, la cause est entendue. Le doute profite à l'accusé. Dans le cas présent, les charges retenues contre Medioni sont faibles, si faibles qu'un juge d'instruction expérimenté les aurait écartées, sachant à l'avance que de telles lacunes entraîneraient automatiquement l'acquittement.

Le réquisitoire de l'avocat général réclamant une peine de dix années de réclusion criminelle contre Medioni n'emporte pas la décision du jury. Le verdict d'acquittement tombe après une courte délibération, Medioni sourit. Un mince sourire de ses lèvres crispées. Il ôte ses lunettes, me dévisage bien en face puis, de loin, murmure :

– Vous avez été bien, monsieur Borniche. Mais dites à votre ami Sullivan de pousser plus avant ses investigations. Ce n'est pas joli-joli de vouloir enfoncer un innocent.

Et comme le garde républicain l'entraîne, il me lance avant de disparaître :

– Si vous passez un jour par le Brésil, venez vous reposer à *La Maravilla* ! C'est calme et on y respire un air plus sain que dans ce prétoire pourri. Mais venez seul, sans cette crapule de Giraldi. Parce que celui-là, si je le tiens...

La phrase disparaît dans le tourbillon de la porte. Medioni n'a pas eu le temps d'entendre ma réplique : « Aucun risque, puisque vous ne le connaissez pas... »

Le public, déçu, quitte la salle dans un brouhaha de commentaires.

Je retrouve l'air libre du boulevard du Palais.

– Que faites-vous ce soir ? demande Sullivan, alors que nous traversons la place du Châtelet.

– J'allais vous proposer de dîner au *Fouquet's*, dis-je. Après une bonne douche.

Il agite la tête de haut en bas.

– Je dois passer à l'Ambassade. Il est neuf heures du matin à San Francisco, et Bryce attend le résultat.

– Qu'est-ce qu'il va en penser ?

– Bryce ? Rien. Nous ne nous faisions pas beaucoup d'illusions. Par contre, je vous garantis que si notre ami Medioni met le pied sur le territoire américain, il aura à s'en repentir, grâce à tout ce que nous a dit le *Frenchie*, Giraldi... Ne vous en faites pas. Medioni, on finira bien par se le payer un jour ou l'autre.

Los Angeles 1990,
San Francisco 1991.

TABLE

Cet ouvrage a été réalisé par la
SOCIÉTÉ NOUVELLE FIRMIN-DIDOT
Mesnil-sur-l'Estrée
pour le compte des Presses de la Cité
en août 1991

Imprimé en France
Dépôt légal : août 1991
N° d'édition : 5949 – N° d'impression : 18597